# LES
# CAOUTCHOUCS ARTIFICIELS

PAR

## L. VENTOU-DUCLAUX,

INGÉNIEUR AU LABORATOIRE D'ESSAIS DE L'A. C. F.

PARIS,

H. DUNOD ET E. PINAT, ÉDITEURS.

47 et 49, Quai des Grands-Augustins,

1912

# TABLE DES MATIÈRES.

## Chapitre III. — *Dérésinification des caoutchoucs.*



## Chapitre IV. — *Factices et succédanés.*



FIN DE LA TABLE DES MATIÈRES.

20770    Paris. — Imprimerie GAUTHIER-VILLARS quai des Grands-Augustins, 55.

H. DUNOD et E. PINAT, LIBRAIRES-ÉDITEURS,
47 ET 49, QUAI DES GRANDS-AUGUSTINS, PARIS.

**Guide de l'acheteur de caoutchouc manufacturé**, par Pierre PELLIER, ingénieur-chimiste (I. C. N.). In-8 carré (22 × 14) de VI-339 p., avec 35 fig. (1912).
Broché.... 9 fr. | Cartonné toile verte. 10 fr. 50

**Le pneumatique**, par H. PETIT, ancien élève de l'École Polytechnique. In-8 (12-18) de 343 pages, avec 76 figures (1912).
Broché.... 6 fr. 50 | Reliure souple vert et or. 9 fr.

**Les bandages pneumatiques** *et la résistance au roulement. Étude théorique et pratique*, par le baron DE MAUNI. In-18 (12-18) de 145 pages, avec figures (1899) ........................ 2 fr.

**La fabrication des pneumatiques**, par SENCIER. In-8 (15-23) de 48 pages, avec 27 figures (1900)....................... 1 fr.

**Les déchets industriels**, *leur récupération et leur utilisation*, par P. RAZOUS, ingénieur civil, licencié ès sciences physiques et mathématiques, ancien inspecteur départemental du travail. In-8 (16-25) de 380 pages avec 101 figures (1905).
Broché...... 12 fr. 50 | Cartonné........ 14 fr.

**Hygiène et sécurité du travail industriel**, par G. PARAF, ingénieur des Arts et Manufactures. *Ouvrage couronné par l'Académie des Sciences.* In-8 (16-25) de 632 pages, avec 402 figures (1905).
Broché........ 20 fr. | Cartonné....... 22 fr.

**La sécurité du travail dans l'industrie.** *Moyens préventifs contre les accidents d'usines et d'ateliers*, par Paul RAZOUS, ingénieur civil, inspecteur départemental du travail dans l'industrie. In-8 (16-25) de 378 pages, avec 222 figures (1901)....... 12 fr. 50.

**Accidents du travail.** *Lois, règlements, décrets et arrêtés. Commentaire pratique et revue de la jurisprudence, avec tableaux comparatifs de la législation étrangère*, par A. MOURRAL, conseiller à la Cour d'appel de Limoges, avec la collaboration de A. BERTHIOT, inspecteur du travail dans l'industrie, licencié ès sciences. In-8 (14-23) de XL-320 pages (1906).......... 5 fr.

**L'appareillage mécanique des industries chimiques.** Adaptation française de l'Ouvrage allemand de A. PARNICKE : *Die maschinellen Hilfsmittel der chemischen Technik*, par Em. CAMPAGNE, ingénieur-chimiste. In-8 (16-25) de 362 pages, avec 298 figures (1906).
Broché...... 12 fr. 50 | Cartonné....... 14 fr.

**Memento du chimiste** (ancien *Agenda du chimiste*), recueil de Tables et de documents divers indispensables aux laboratoires officiels et industriels, publié sous la direction de A. HALLER, membre de l'Institut, et Ch. GIRARD, directeur du Laboratoire municipal de Paris. 2ᵉ tirage corrigé. In-8 (13-20) de 808 pages, avec figures et 4 pl. de métallographie microscopique (1911). Cartonné. 12 fr.

H. DUNOD et E. PINAT, LIBRAIRES-ÉDITEURS,
47 et 49, QUAI DES GRANDS-AUGUSTINS, PARIS.

# LA

# TECHNIQUE MODERNE

## REVUE BI-MENSUELLE ILLUSTRÉE

## des Sciences appliquées à l'Industrie, au Commerce et à l'Agriculture.

*(Fondée en décembre 1908.)*

### ABONNEMENT ANNUEL :

France. . . . . . . . **20** fr. | Étranger. . . **25** fr.

### La livraison 1 fr.

*Envoi d'une livraison spécimen contre o fr. 15 (frais d'envoi).*

## Rédacteur en chef : G. BOURREY,

Inspecteur de l'Enseignement technique
au Ministère du Commerce et de l'Industrie.

**La Technique Moderne** est une revue *générale et pratique* qui traite de toutes les questions relatives aux applications et à la technologie des sciences :

*Aéronautique; Agriculture; Architecture; Automobilisme; Chemins de fer; Chimie industrielle; Construction; Électricité; Électrochimie; Enseignement technique; Études économiques; Génie civil, maritime, militaire; Hydraulique; Hygiène industrielle; Industries diverses; Législation industrielle et commerciale; Mécanique; Métallurgie; Mines; Navigation; Photographie; Physique industrielle; Travaux publics, etc.*

**La Technique Moderne** est la plus répandue de toutes les revues de technique générale et son succès s'explique autant par le haut intérêt de sa rédaction et l'abondance de sa documentation que par son prix très modique de 20 francs.

Elle offre, en outre, à ses abonnés, de nombreux avantages : conférences, voyages à prix réduit, fascicules supplémentaires qui formeront une bibliothèque spéciale, etc.

LES

# CAOUTCHOUCS ARTIFICIELS

# LES
# 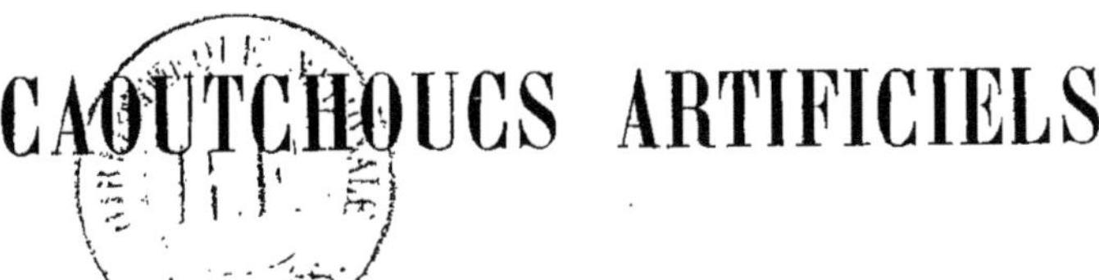CAOUTCHOUCS ARTIFICIELS

PAR

## L. VENTOU-DUCLAUX,

INGÉNIEUR AU LABORATOIRE D'ESSAIS DE L'A. C. F.

PARIS,

H. DUNOD ET E. PINAT, ÉDITEURS.

47 et 49, Quai des Grands-Augustins.

1912

# INTRODUCTION.

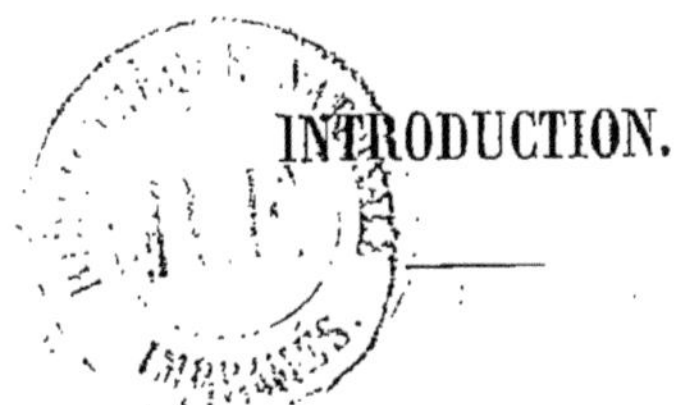

Les emplois du caoutchouc deviennent de plus en plus nombreux et, d'autre part, dans chacun de ses emplois la quantité consommée annuellement augmente. Les pneumatiques des voitures automobiles et les bandages des véhicules de poids lourd entrent pour les trois quarts dans la consommation totale. Or, dans l'une et dans l'autre catégorie de véhicules, le nombre de voitures mises en service augmente chaque année dans une proportion considérable. Aux États-Unis, par exemple, il y avait 320 000 voitures à la fin de 1910, au mois de mai 1912 on en comptait 800 000 et, au mois de mai 1913, on estime qu'il y en aura 250 000 de plus. Or, la production devient insuffisante; voici des chiffres qui le prouvent :

En 1907-1908, la production totale fut de 66 379 tonnes et la consommation de 62 376 tonnes. En 1908-1909, la production fut un peu supérieure : 70 587 tonnes, mais la consommation dépassa ce chiffre et monta à 71 989 tonnes (soit 1402 tonnes de plus). En 1911-1912, la production a été de 93 669 tonnes, mais la consommation s'est élevée à 99 564 tonnes (soit 5895 tonnes de plus).

Si nous mettons à part les résultats de l'année 1910, au cours de laquelle se produisit une véritable crise du caoutchouc, nous constatons que la production augmente d'année en année. De nouvelles plantations ont été faites, leur culture est menée scientifiquement, la récolte est faite méthodiquement et les produits récoltés deviennent constants en quantité et en qualité.

Voici un Tableau qui montre l'accroissement de la production totale depuis 1836 :

| En 1836, la production totale fut de | 120 tonnes |
| En 1840, » | 400 » |
| En 1850, » | 800 » |
| En 1860, » | 3 200 » |
| En 1875, » | 7 500 » |
| En 1880, » | 10 150 » |
| En 1890, » | 22 000 » |
| En 1900, » | 52 860 » |
| En 1901, » | 53 890 » |
| En 1902, » | 55 610 » |
| En 1903, » | 61 440 » |
| En 1904, » | 68 880 » |
| En 1905, » | 67 910 » |
| En 1906, » | 74 620 » |
| En 1907, » | 66 380 » |
| En 1908, » | 70 000 » |
| En 1909, » | 70 587 » |
| En 1911, » | 93 670 » |

De plus, on fonde de grands espoirs sur certaines plantations, par exemple celles de l'*Hevea Brasiliensis* qui ont parfaitement réussi en Asie et qui sont susceptibles de fournir, dans quelques années, de 5000 à 8000 tonnes même l'on estime généralement que, dans 15 ans, leur production pourra atteindre celle du Brésil, soit environ 40 000 tonnes.

D'autres plantations, telles que celles de *Ficus elastica*, faites en Somalie et même en Sicile, paraissent devoir donner de bons résultats ; mais il ne faut pas perdre de vue qu'un arbre à caoutchouc ne commence à produire qu'à l'âge de 20 ans au minimum.

De tout ceci il résulte que le prix du para a subi en ces dernières années une élévation de cours considérable : au 15 janvier 1908, il valait 8$^{fr}$,95 le kilogramme ; le 15 avril 1909, son prix s'élevait à 14$^{fr}$,87 le kilogramme ; le 15 avril 1910, il atteignait 34$^{fr}$,20. Depuis, son cours s'est amélioré, il vaut actuellement 13$^{fr}$,80.

Mais c'est un prix encore très élevé et qui justifie les efforts considérables qui ont été faits au cours de ces dernières années pour obtenir, d'une part, la synthèse du caoutchouc et, d'autre part, la régénération du caoutchouc vulcanisé ou de la gomme dans les objets manufacturés que l'usage a altérés plus ou moins profondément.

C'est l'exposé des recherches qui ont été faites jusqu'à ce jour qui feront l'objet des différents Chapitres de cet Ouvrage.

Les produits qu'on peut obtenir, les uns étant directement utilisables, les autres destinés à être mélangés aux caoutchoucs neufs dans le but de diminuer leur prix de revient, peuvent être classés de la façon suivante :

1º Caoutchoucs synthétiques ;
2º Caoutchoucs régénérés ;
3º Caoutchoucs dérésinés ;
4º Factices et succédanés.

# LES
# CAOUTCHOUCS ARTIFICIELS.

## CHAPITRE I.

### CAOUTCHOUCS SYNTHÉTIQUES.

Dans l'exposé qui va suivre on trouvera d'élégantes synthèses du caoutchouc, c'est maintenant un fait acquis : on peut reproduire synthétiquement le caoutchouc. Au dernier Congrès de Chimie appliquée qui s'est réuni aux États-Unis (Washington et New-York), le représentant des Farbenfabriken Bayer et C°, d'Elberfeld, a présenté deux pneumatiques fabriqués exclusivement avec du caoutchouc synthétique. Ces pneumatiques avaient déjà roulé plus de 6000$^{km}$ et étaient encore en parfait état. Malheureusement, les rendements obtenus sont généralement très faibles et, comme les réactifs employés sont fort chers, les prix de revient des caoutchoucs obtenus sont encore trop élevés pour que ces derniers puissent rivaliser avec les caoutchoucs naturels.

Actuellement, les chimistes allemands étudient activement ces questions et les Farbenfabriken Bayer et C°, d'Elbelferd, qui ont déjà consacré à ces recherches des capitaux considérables, ont annoncé qu'entre 1912 et 1918, le caoutchouc synthétique serait introduit sur le marché. Cette nouvelle ne doit pas être prise à la légère, il suffit de se rappeler que la même prévision fut faite à propos de l'indigo, et qu'elle a été réalisée. L'indigo synthétique qui valait, au début, 1500$^{fr}$ le kilogramme a maintenant totalement remplacé l'indigo naturel et il a fallu, pour arriver à ce résultat, une quinzaine d'années d'études.

Des millions ont été consacrés à ces recherches par les industriels allemands et le moment approche où les chercheurs recevront une juste rémunération de leurs efforts. Ici la question est encore plus importante, au point de vue industriel, que celle de l'indigo ; en effet, le marché mondial ne dépassait pas 70 millions pour la matière colorante, alors qu'il atteint 1 milliard pour le caouthouc.

Nous examinerons maintenant les diverses synthèses qui ont été tentées. Auparavant, nous rappellerons quelques notions relatives aux hydrocarbures qui sont mis en jeu.

### Constitution du caoutchouc.

Dans la série des carbures cycliques non benzéniques, on peut établir deux grandes catégories :

1° Les carbures formés par l'assemblage de radicaux $CH^2$ et qui ne possèdent, par conséquent, que des liaisons simples tels que

$$CH^2 - CH^2 \qquad CH^2 - CH^2 \qquad \text{etc.}$$
$$\diagdown CH^2 \diagup \qquad CH^2 - CH^2$$

ils correspondent à la série de méthane, ce sont les *cyclanes*. Leur formule générale est $C^n H^{2n}$.

2° Des carbures qui dérivent des précédentes par l'élimination de plusieurs atomes d'hydrogène et qui possèdent, par conséquent, des liaisons doubles (liaisons éthyléniques). Ces carbures correspondent à la série de l'éthylène, ce sont les *cyclènes*. Leur formule générale est $C^n H^{2n-x}$.

Les cyclanes se rencontrent, en particulier, dans les pétroles du Caucase et dans les produits de distillation des résines. Nous les laisserons de côté pour nous occuper uniquement des cyclènes, qui nous intéressent seuls au point de vue de la synthèse du caoutchouc.

### CYCLÈNES.

Les cyclanes $C^n H^{2n}$, en perdant $2^{at}$, $4^{at}$, $6^{at}$, etc. d'hydrogène deviennent les cyclènes $C^n H^{2n-2}$, $C^n H^{2n-4}$, $C^n H^{2n-6}$, etc., qui possèdent, ainsi que nous l'avons dit plus haut, des liaisons éthyléniques.

Parmi ces carbures, on réserve le nom de *cyclènes* à ceux qui ne renferment qu'une liaison éthylénique et le nom de *cyclanediènes* à ceux qui en renferment deux.

Parmi ces corps, les plus importants sont les carbures de formule générale $C^n H^{2n-2}$ et, parmi eux, les carbures térébéniques $(C^5 H^8)^n$ ou terpènes, ce sont ceux que nous étudierons plus spécialement.

### CARBURES TÉRÉBÉNIQUES OU TERPÈNES $(C^5 H^8)^n$.

Le carbure primitif de cette famille est le térène $C^5 H^8$. On peut ranger tous les carbures de cette catégorie suivant leur poids moléculaire et l'on obtient ainsi la classification suivante :

| | | | | |
|---|---|---|---|---|
| $C^5 H^8$ | térènes | ou | hémiterpènes | de forme $C^n H^{2n-2}$ |
| $C^{10} H^{16}$ | ditérènes | » | terpènes proprement dits | » $C^n H^{2n-4}$ |
| $C^{15} H^{24}$ | tritérènes | » | sesquiterpènes | » $C^n H^{2n-6}$ |
| $C^{20} H^{32}$ | tétratérènes | » | diterpènes | » $C^n H^{2n-8}$ |

La constitution de la plupart de ces corps n'est pas entièrement connue, d'ailleurs ceux qui nous intéressent principalement sont les terpènes proprement dits de formule $C^{10} H^{16}$.

### HÉMITERPÈNES $C^5 H^8$.

Le carbure caractéristique de cette famille est le *térène* $C^5 H^8$. Ces carbures appartiennent plutôt à la série acyclique, c'est-à-dire que leurs formules s'écrivent en chaînes non fermées et sont plutôt des carbures diéthyléniques gras que des carbures aromatiques.

Parmi eux, le corps le plus important au point de vue de la synthèse du caoutchouc est l'*isoprène* qui est le β-méthylbutadiène répondant à la formule

$$CH^2 = C - CH = CH^2$$
$$\vert$$
$$CH^3$$

On le trouve dans les produits de la distillation du caoutchouc. Nous l'étudierons spécialement ainsi que le carbure dont il est dérivé par méthylation : le *butadiène*

$$CH^2 = CH - CH = CH^2$$

et le β γ-*diméthylbutadiène*

$$CH^2 = C - C = CH^2$$
$$\vert \qquad \vert$$
$$CH^3 \quad CH^3$$

Ces trois corps donnent par polymérisation des caoutchoucs très voisins.

TERPÈNES C<sup>10</sup> H<sup>16</sup>.

Les terpènes constituent une importante et nombreuse classe de carbures. Ce sont des liquides incolores ; seul, le camphène est solide à la température ordinaire. Ils se polymérisent facilement au contact de l'air et sous l'action de la lumière. Plusieurs s'oxydent au contact de l'air et donnent des résines

Ils s'unissent à HCl ou aux halogènes et peuvent en fixer des quantités variables, ce qui permet de les séparer de la façon suivante :

1° Terpènes fixant 1<sup>mol</sup> HCl ou Cl², ce sont les *terpènes bivalents* à une seule liaison double ;

2° Terpènes fixant 2<sup>mol</sup> HCl ou Cl⁴, ce sont les *terpènes tétravalents* à deux liaisons éthyléniques (on les appelle également *terpanediènes*).

Nous les étudierons séparément.

## TERPÈNES BIVALENTS.

Parmi ces carbures, le plus important est le *térébenthène* ou *pinène* qui forme la majeure partie de l'essence de térébenthine. Sa formule développée est

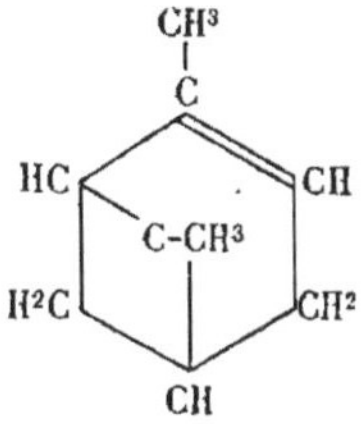

$$
\begin{array}{c}
CH^3 \\
| \\
C \\
HC \diagup \quad \diagdown CH \\
C\text{-}CH^3 \\
H^2C \diagdown \quad \diagup CH^2 \\
CH
\end{array}
$$

C'est un liquide incolore dont le point d'ébullition est de 156°,5. La liaison éthylénique qu'il possède est facilement transportée en chaîne latérale et il donne ainsi le composé suivant :

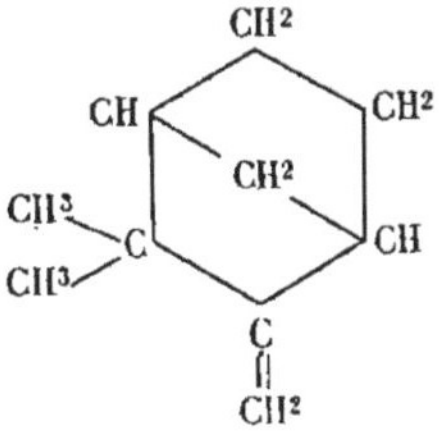

$$
\begin{array}{c}
CH^2 \\
CH \quad\quad CH^2 \\
CH^2 \\
CH^3\text{-}C \quad\quad CH \\
CH^3 \\
C \\
\| \\
CH^2
\end{array}
$$

qui est le *camphène*, solide blanc fondant à 50°.

## TERPÈNES TÉTRAVALENTS.

Le plus important de cette série est le *limonène*. On trouve également le *terpinène*, le *terpinolène* et le *sylvestrène*, qui constitue la majeure partie de l'essence de térébenthine de Russie et de Suède.

POLYTERPÈNES $(C^{10}H^{16})^n$.

Lorsque l'exposant est égal à 4, le carbure porte le nom de *tétratérébenthène* $C^{40}H^{64}$, c'est un corps résineux assez mal déterminé.

Les termes supérieurs sont des solides amorphes, résinoïdes, ils existent dans certains végétaux sous forme de glucosides.

C'est dans cette catégorie qu'on trouve le caoutchouc et la gutta-percha.

Pour ces corps, la valeur de l'exposant $n$ est indéterminée. D'après M. Harriès, l'hydrocarbure qui sert de base aux caoutchoucs naturels serait de la forme

$$
\begin{array}{ccc}
 & C\text{--}CH^3 & \\
CH \diagup\diagdown & & CH^2 \\
| & & | \\
CH^2 & & CH^2 \\
| & & | \\
CH^2 & & CH \\
CH^3\diagdown\diagup C & &
\end{array}
$$

c'est-à-dire un diméthylcyclooctadiène, et le caoutchouc serait le résultat d'une polymérisation de cet hydrocarbure. Comme nous le verrons plus loin, lorsque nous étudierons la polymérisation des hydrocarbures constitutifs, les nombreuses isoméries et les différences observées dans ces caoutchoucs peuvent s'expliquer par le déplacement des groupes $CH^3$ dans la molécule du cyclooctadiène.

### Propriétés du caoutchouc.

A son plus grand état de pureté, le caoutchouc est un produit diaphane et incolore; s'il contient une petite quantité d'eau, il est blanc et opaque. Examiné au microscope, il présente une juxtaposition de tubes communiquant ensemble, ce qui explique la propriété qu'il possède d'absorber les gaz.

C'est une matière élastique, adhésive, insoluble dans l'eau et dans l'alcool, mais capable d'absorber une certaine quantité de ces deux liquides. Ses solvants habituels sont l'essence de térébenthine, le pétrole, le sulfure de carbone, le benzène, les huiles essentielles, l'éther; le meilleur de ces solvants étant un mélange de 100 parties de sulfure de carbone et de 5 parties d'alcool. L'action de ces dissolvants n'est que partielle, car le caoutchouc est composé de deux produits distincts, l'un solide, insoluble dans ces liquides, et l'autre soluble. Ce second produit est un liquide visqueux, c'est à lui qu'on doit de pouvoir souder par la pression deux surfaces de caoutchouc fraîchement coupées.

Le caoutchouc est inaltéré par les acides minéraux étendus, mais l'acide sulfurique concentré, et surtout l'acide nitrique, l'attaquent rapidement.

L'appellation de *gomme élastique* donnée au caoutchouc a fait généralement croire que ce dernier était le type des corps élastiques. Or, on sait qu'il n'en est rien, si l'on s'en rapporte tout au moins au sens scientifique du mot *élasticité*. On a même pu dire, non sans quelque apparence de raison, que le caoutchouc était dépourvu d'élasticité. En fait, un bloc de caoutchouc enfermé dans une cavité cylindrique où s'engage un piston à vis semble se comprimer pendant un temps assez court, puis il oppose brusquement au piston une résistance invincible. Il se comporte comme un liquide qui contiendrait une faible émulsion d'air. Autrement dit, un bloc de caoutchouc qui ne peut se déformer librement est très sensiblement incompressible.

Le caoutchouc jouit donc d'une grande déformabilité, mais il perd cette propriété sous l'action du froid. Il la retrouve si on le chauffe vers 50° ou sous l'influence d'une légère traction qui a pour effet d'élever sa température.

Dans le même ordre d'idées, si l'on étire le caoutchouc et qu'on le laisse revenir à ses dimensions primitives, sa température s'abaisse.

L'action de la chaleur sur le caoutchouc est assez complexe. Si on le chauffe progressivement, on observe les phénomènes suivants : à 30°, il subit un ramollissement; à 50°, il devient collant; vers 175°, il fond en un liquide visqueux qui, par refroidissement, ne reprend pas ses propriétés. A une température supérieure, il distille en donnant des gaz et des liquides qui sont tous des carbures d'hydrogène, mais de compositions différentes. Les parties les plus volatiles contiennent du butylène, du caoutchène, de l'eupione, de l'isoprène. Les parties les moins volatiles sont constituées par de la caoutchine (produit de la condensation de plusieurs molécules d'isoprène) et de l'héviène. Ces différents liquides, qui sont de bons solvants du caoutchouc, ont servi à tenter diverses synthèses, ainsi que nous le verrons plus loin.

### Vulcanisation.

Le caoutchouc possède la propriété de se combiner avec le soufre et de donner ainsi des produits intéressants au point de vue industriel.

Si l'on chauffe progressivement un mélange intime de caoutchouc et de soufre, on observe différents phénomènes qui sont les résultantes des actions des deux produits constitutifs du caoutchouc sur le soufre. A partir de 50°, l'adhésivité que possédait le caoutchouc pur disparaît. Vers 120", température un peu supérieure au point de fusion du soufre, il y a combinaison du principe soluble du caoutchouc avec le soufre, la partie insoluble absorbant le résultat de cette réaction. A partir de 145", le soufre s'allie à la partie insoluble dans les dissolvants et forme alors une combinaison identique à la première. Vers 160", on obtient une masse homogène d'un brun très foncé qui ne possède plus aucune élasticité et constitue l'ébonite.

Il y a donc une température critique voisine de 130°
à laquelle on obtient un produit dont l'élasticité est
maximum et permanente au-dessous de 0° et au-dessus
de 100°, dont la porosité est de beaucoup diminuée et qui
a perdu la propriété de se souder à lui-même : c'est le
caoutchouc vulcanisé tel qu'on l'emploie dans l'industrie.

On conçoit aisément qu'on ne peut pratiquer cette
vulcanisation qu'après avoir amené le caoutchouc dans
son état définitif, puisque, une fois combiné au soufre,
il ne possède plus la propriété de se souder à lui-même.

D'autres matières que le soufre peuvent donner au
caoutchouc ces nouvelles propriétés, ce sont : le chlore,
le fluor, l'iode, le brome; puis, dans un autre ordre d'idées,
les sulfures alcalins et métalliques, ainsi que les chlorures
de soufre, ces derniers agissant par le soufre qu'ils renferment.

De multiples procédés ont été proposés pour obtenir
la vulcanisation, certains conviennent mieux à telles
gommes qu'à telles autres et, suivant le résultat déterminé qu'ils se proposent d'obtenir, les industriels accordent la préférence à tel procédé plutôt qu'à tel autre.

Le traitement indiqué par Goodyear consiste à pétrir
le caoutchouc avec 10 pour 100 de soufre en fleur. On
moule avec ce mélange l'objet à fabriquer et l'on introduit le tout dans une chaudière autoclave dans laquelle
on fait arriver de la vapeur sous une pression de $4^{atm}$.
Le caoutchouc se vulcanise par l'action de la chaleur et
la pression l'empêche de se boursoufler. On emploie des
étuves chauffées à une température de 130° à 135°,
lorsqu'on ne peut faire agir directement la vapeur sur
les objets à fabriquer. Ce procédé, qui est plus simple,
a l'inconvénient de nécessiter l'emploi d'un excès de
soufre qui se manifeste en efflorescences à la surface des
objets fabriqués, aussitôt le démoulage. On est obligé de

les laver à l'eau alcaline pour les débarrasser de cet enduit.

Le procédé Hancock consiste à mettre à l'étuve les objets fabriqués de façon à en chasser toute l'humidité et parfaire les soudures, ce qu'on obtient au bout de 24 heures. On plonge ensuite ces objets pendant 3 heures dans un bain de soufre fondu maintenu à la température de 130°. L'inconvénient de cette méthode est de ne pas donner une vulcanisation régulière dans toute l'épaisseur du caoutchouc.

Le procédé Parkes consiste à plonger les objets à vulcaniser dans une solution de 2 parties et demie de chlorure de soufre dans 100 parties de sulfure de carbone. Dans ces conditions, le chlorure de soufre, peu stable, se décompose et son chlore se combine avec une partie de l'hydrogène du caoutchouc pour donner de l'acide chlorhydrique, tandis que le soufre se combine au caoutchouc. On sèche les objets à 25°, puis on les passe dans une solution de carbonate de sodium qui neutralise l'acide qui a pris naissance pendant l'opération. Malgré cela, il reste toujours dans le produit une petite quantité d'acide libre qui altère ses propriétés en le rendant cassant.

Le procédé Parkes transformé est employé fréquemment pour obtenir des vulcanisations partielles lorsqu'on répare les pneumatiques avec une solution de caoutchouc.

Le procédé Gérard est employé pour vulcaniser les objets de faible épaisseur. Il consiste à les tremper pendant 3 ou 4 heures dans une solution de persulfure de potassium à 30° Baumé, dans un appareil clos et à y maintenir une température de 150° par de la vapeur à une pression de 5$^{kg}$ environ.

On a employé avec succès la vulcanisation par l'action de la vapeur de soufre sur le caoutchouc en présence de litharge (oxyde de plomb). Ce composé a, en effet, la propriété de favoriser et de régulariser la combinaison du soufre au caoutchouc, donnant, d'une part, un sulfure bon conducteur de la chaleur et, d'autre part, s'emparant de l'excès de soufre qui produirait une vulcanisation trop avancée. Les produits ainsi obtenus possèdent des teintes variant du gris clair au noir et leur élasticité est sensiblement plus grande que celle obtenue par les autres méthodes de vulcanisation.

Il faut encore mentionner l'action du sulfure d'antimoine ($Sb^2 S^3$) sur le caoutchouc. Ce produit a pour effet, en vulcanisant le caoutchouc, de lui communiquer sa couleur rouge orangé. On l'incorpore dans des proportions variant de 5 à 15 pour 100.

Les sulfures de plomb, de bismuth, de zinc et de mercure, quoique susceptibles de produire les mêmes effets, ne sont pas employés.

Enfin, des tentatives de vulcanisation par le soufre en solution ammoniacale (procédé Mourley) et par des mélanges de chlorure de chaux et de soufre (procédé Gaultier de Claubry) n'ont pas donné les résultats que leurs auteurs en attendaient.

ÉRYTHRÈNE OU BUTADIÈNE

$$CH^2 = CH — CH = CH^2.$$

*Synthèse de M. Harriès* ([1]). — On part de l'alcool butylique secondaire

$$CH^3 — CH^2 — CH — CH^3$$
$$\underset{OH}{|}$$

qu'on obtient facilement, soit par réduction de la méthyléthylcétone avec un très bon rendement.

On transforme cet alcool en butylène

$$CH^3 — CH = CH — CH^3$$

---

([1]) *Annalen der Chemie*, 18 août 1911 et 7 novembre 1911.

par déshydratation au moyen de l'anhydride phosphorique ou bien de l'acide sulfurique. Le rendement de cette opération est encore très bon. On le transforme en dibromure en le dissolvant dans du chloroforme et le traitant par du brome

$$CH^3 - CH - CH - CH^3$$
$$\qquad\quad \underset{Br}{|} \quad\ \underset{Br}{|}$$

puis les deux atomes de brome sont enlevés au moyen de la chaux sodée, qui élimine $2^{mol}$ d'acide bromhydrique, on obtient finalement le butadiène

$$CH^2 = CH - CH = CH^2.$$

Ce procédé ne peut pas être appliqué industriellement, mais il est très commode pour obtenir le butadiène nécessaire aux recherches de laboratoire.

Un certain nombre d'autres synthèses ont été indiquées, nous les signalerons pour mémoire :

1° Passage d'un mélange d'acétylène et d'éthylène dans un tube au rouge (BERTHELOT, *Ann. Chim.*, 1867, p. 466);

2° Action de l'acide formique sur l'érythrite (HENNINGER, *Ann. Chem.*, 1886, p. 216);

3° Méthylation complète de l'aminocyclobutane (WILLSTALTER, *Berichte d. D. chem. Ges.*, 1905, p. 1992);

4° Passage de vapeurs d'alcool amylique dans un tube au rouge (CAVENTOU, *Ann. Chem.*, 1862, p. 93).

Les rendements obtenus sont généralement très faibles.

ISOPRÈNE OU β-MÉTHYLBUTADIÈNE.

$$CH^2 = C - CH = CH^2$$
$$\qquad\ \underset{CH^3}{|}$$

Lorsqu'on opère une distillation sèche de caoutchouc, on obtient des gaz, puis des liquides. Si l'on opère une distillation fractionnée de ces liquides, on obtient entre 32°

et 36° un produit constitué, en majeure partie, par de l'isoprène. Ce carbure possède, comme tous ceux de sa série, la propriété de se polymériser facilement sous l'action de divers agents et de reconstituer un caoutchouc. Les efforts des chimistes se sont donc principalement portés vers la préparation de ce liquide en tâchant d'obtenir des rendements satisfaisants.

Ce fut Williams qui, en 1860, caractérisa l'isoprène dans les produits de la distillation du caoutchouc, mais ce ne fut que 15 ans plus tard que Bouchardat démontra que cet isoprène pouvait, par polymérisation, donner des produits analogues au caoutchouc naturel.

En 1882, Tilden donne à l'isoprène la formule

$$CH^2 = C - CH = CH^2$$
$$\mid$$
$$CH^3$$

qui fut confirmée en 1897 à la suite des travaux d'Ipatiew, de Wittorf et d'Euler.

On s'accorde généralement à représenter la polymérisation de l'isoprène de la façon suivante :

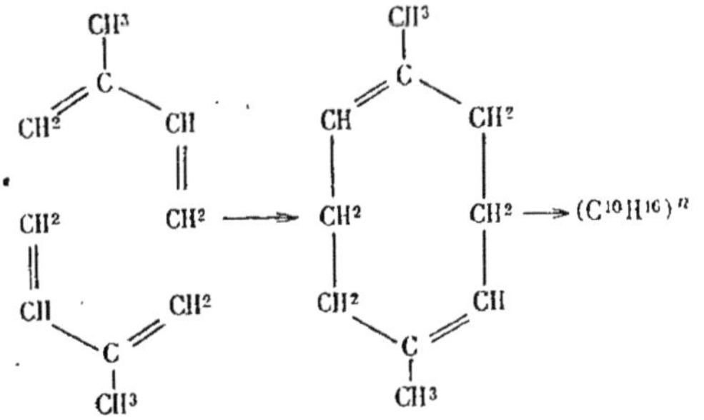

$$(C^{10}H^{16})^n$$

le caoutchouc serait ainsi un *diméthyl-1.5-cyclooctadiène* polymérisé.

Harriès, qui l'a démontré en mars 1910 [1], est arrivé

---

[1] Conférence faite en mars 1910, devant la Société des Architectes autrichiens.

à la formule de la molécule génératrice par les remarques suivantes :

Le caoutchouc peut fixer $4^{at}$ de brome, il possède donc deux liaisons éthyléniques ; de plus, il donne avec $10^{mol}$ d'ozone un composé dont on peut déterminer le poids moléculaire par la cryoscopie et dont on peut montrer la structure par l'examen des produits de décomposition à la suite de certaines réactions.

Les travaux de Harriès [1] ont montré que le corps colloïde considéré jusqu'alors comme inattaquable pouvait être travaillé, au point de vue chimique, comme un corps cristallisé. Ils ont eu pour conséquence l'éclosion d'un grand nombre de brevets relatifs à l'obtention du caoutchouc par la polymérisation de l'isoprène.

Nous examinerons maintenant les différentes synthèses de l'isoprène.

### SYNTHÈSE DE L'ISOPRÈNE.

*Synthèse de Blaise et Courtot* [2]. — En distillant de l'acide αα-diméthyl-βγ-dibromobutyrique, on obtient la αα-diméthyl-β-bromo-γ-butyrolactone

$$CH^2Br - CHBr - \underset{\underset{CH^3 \; CH^3}{\diagup \diagdown}}{C} - COOH \rightarrow CH^2 - CH^2Br - \underset{\underset{O \rule{2cm}{0.4pt} CO}{|}}{C} \diagup^{CH^3}_{\diagdown CH^3}$$

Cette dernière, chauffée avec de la quinoléine, a donné de petites quantités d'isoprène.

*Synthèse de Tilden* [2]. — Si l'on fait passer des vapeurs d'essence de térébenthine dans un tube de fer chauffé au rouge et qu'on condense les gaz à la sortie du tube, on

---

[1] *Voir les Annalen der Chemie*, t. 383, 8 août 1911, p. 157 à 227, et 7 novembre 1911, p. 116.

[2] *Bulletin de la Société chimique*, 1904, p. 993.

[3] *Chem. News.*, t. XLVI, 1882, p. 129.

obtient un liquide qui renferme de l'isoprène. Le rendement est faible : avec $4^l$ d'essence de térébenthine, Tilden a obtenu seulement $250^{cm^3}$ d'isoprène. M. Silberradt chauffe le tube entre 450° et 750°; il fait passer les vapeurs d'essence de térébenthine sous pression réduite, mais n'indique pas le rendement obtenu [1].

M. Woltereck [2] a breveté un procédé qui permet d'améliorer ce rendement. Il consiste à remplir le tube de fer de matières destinées à augmenter la surface de contact des vapeurs avec le métal porté au rouge : les rouleaux de toile métallique, les disques perforés remplissent très bien cet office. De plus, la température est limitée à 550°. M. Woltereck a constaté que le rendement était encore amélioré si l'on mêlait les vapeurs d'essence de térébenthine avec un gaz inerte, tel que l'azote. Dans ces conditions, la température de réaction peut être élevée à 600° et d'autant plus que le degré de dilution est plus grand.

Pour améliorer encore le rendement, on peut faire passer les vapeurs d'essence de térébenthine dans un tube renfermant une spirale de platine rougie par un courant électrique et disposer l'appareil de façon que les vapeurs d'essence de térébenthine inaltérées soient condensées dans un réfrigérant et traitées à nouveau, tandis que l'isoprène traverse le réfrigérant et est condensé plus loin [3].

M. Heinemann, en 1907, prétendit obtenir de l'isoprène en faisant passer dans le tube chauffé au rouge un mélange d'acétylène d'éthylène et de chlorure de méthyle, mais ce procédé sembla donner un rendement tout à fait minime. D'après M. Heinemann [4], l'acétylène et l'éthylène passant dans les tubes au rouge donneraient naissance au butadiène qui, en présence du chlorure de

---


[1] Brevet américain, n° 1 022 338 du 2 avril 1912.
[2] Brevet français n° 423 112 du 28 novembre 1910.
[3] Brevet français n° 394 795 du 30 septembre 1908.
[4] HARRIÈS et GOTTLOB, *Liebig. Ann. Chem..* 1911, p. 228.

méthyle, donnerait, dans les mêmes conditions, le dérivé monométhylé du butadiène, c'est-à-dire l'isoprène.

*Synthèse de M. Hoffmann* [1]. — Le point de départ de cette synthèse est le paracrésol qui est tiré, comme l'on sait, des goudrons de houille. Le paracrésol

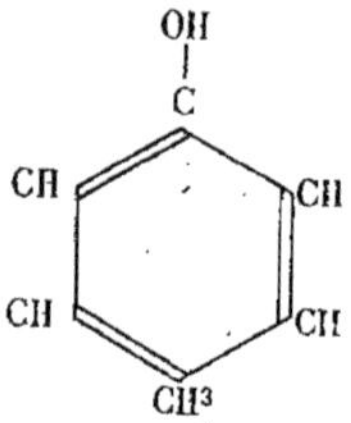

$$\begin{array}{c}
OH \\
| \\
C \\
CH \diagup \quad \diagdown CH \\
| \qquad \qquad | \\
CH \diagdown \quad \diagup CH \\
C \\
| \\
CH^3
\end{array}$$

hydrogéné par la méthode de Sabathier, donne

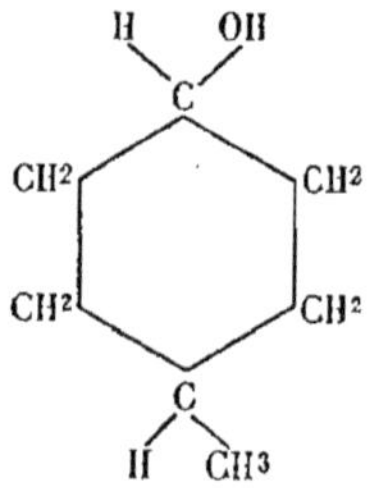

$$\begin{array}{c}
H \quad OH \\
\diagdown \diagup \\
C \\
CH^2 \diagup \quad \diagdown CH^2 \\
| \qquad \qquad | \\
CH^2 \diagdown \quad \diagup CH^2 \\
C \\
\diagup \diagdown \\
H \quad CH^3
\end{array}$$

qu'une oxydation ménagée transforme en acide β-méthyl-adipique

$$\begin{array}{ccccc}
CH^2 & \!\!-\!\!-\!\! & CH & -\, CH^2 - & CH^2 \\
| & & | & & | \\
COOH & & CH^3 & & COOH
\end{array}$$

Cet acide est diaminé et donne

$$\begin{array}{ccccc}
CH^2 & \!\!-\!\!-\!\!-\!\! & CH & -\, CH^2 - & CH^2 \\
| & & | & & | \\
CO\,AzH^2 & & CH^3 & & CO\,AzH^2
\end{array}$$

---

[1] Brevet allemand n° 28390, IV, 39, de l'Elberfelder Farbenfabriken.

L'acide hypochloreux transforme cette diamine en
β-méthyltétraméthylènediamine

$$CH^2 - CH - CH^2 - CH^2$$
$$AzH^2 \quad (CH^3) \qquad AzH^2$$

qui, par méthylation, puis saponification, donne l'isoprène

$$CH^2 = C - CH = CH^2$$
$$(CH^3)$$

*Synthèse de M. Harriès* [1]. — En partant de l'alcool
éthylique, on obtient par cette méthode de l'isoprène,
mais avec un faible rendement. L'alcool éthylique est
transformé en acide acétique, puis en acétone. Cette
dernière, traitée par le bromure d'éthyle, donne l'alcool
amylique tertiaire qui, par déshydratation, conduit au
triméthyléthylène. Le dibromure de triméthyléthylène est,
suivant la méthode indiquée par Ipatiew, traité par la
potasse alcoolique qui le transforme en triméthylallylène.
Ce dernier est soumis à l'action de l'acide bromhydrique
qui donne le dibromure

$$CH^3$$
$$CH^3 - C - CH - CH^3$$
$$Br \quad Br$$

qui, traité par la potasse alcoolique, donne de l'isoprène.

Harriès a étudié à nouveau la seconde partie du traitement dans le but d'augmenter le rendement [2]. Il fait
couler goutte à goutte le dibromure de triméthyléthylène
sur de la chaux sodée préalablement et soigneusement
saturée de gaz carbonique et chauffée à 600". Il se produit
dans ces conditions un mélange d'hydrocarbures qui

---

[1] *Zeitschrift für angew. Chemie*, t. XX, 1907, p. 1265, — *Annalen der Chemie*, 18 août 1911 et 7 novembre 1911.

[2] *Moniteur scientifique*, mai 1912.

renferme plus d'isoprène que celui obtenu par la méthode d'Ipatiew. La réussite de l'opération dépend, non seulement de la température, mais aussi de l'état de porosité de la chaux sodée. On n'obtient de bons rendements que si l'on réussit à enlever, en même temps, les $2^{at}$ de brôme à l'état d'acide bromhydrique.

*Synthèse de MM. Perkin, Weizmann, Mathews et Strange* [1]. — On part de l'un des quatre alcools amyliques ou d'un mélange de plusieurs d'entre eux. Ces quatre isomères, dérivés de l'isopentane, ont les formules suivantes :

$$\begin{matrix} CH^2OH \\ CH^3 \end{matrix}\!\!>\!\!CH - CH^2 - CH^3 \qquad \begin{matrix} CH^3 \\ CH^3 \end{matrix}\!\!>\!\!\underset{\underset{OH}{|}}{C} - CH^2 - CH^3$$

$$\begin{matrix} CH^3 \\ CH^3 \end{matrix}\!\!>\!\!CH - \underset{\underset{OH}{|}}{CH} - CH^3 \qquad \begin{matrix} CH^3 \\ CH^3 \end{matrix}\!\!>\!\!CH - CH^2 - \underset{\underset{OH}{|}}{CH^2}$$

Le dérivé choisi, ou le mélange, est transformé par déshydratation au moyen du chlorure de zinc en l'un quelconque ou en un mélange des amylènes suivants :

$$\begin{matrix} CH^3 \\ CH^3 \end{matrix}\!\!>\!\!C = CH - CH^3 \qquad \begin{matrix} CH^2 \\ CH^3 \end{matrix}\!\!>\!\!C - CH^2 - CH^3$$

$$\begin{matrix} CH^3 \\ CH^3 \end{matrix}\!\!>\!\!CH - CH = CH^2$$

L'un quelconque de ces composés est alors traité de façon à perdre $2^{at}$ d'hydrogène, soit par passage dans un tube chauffé au rouge sombre, soit par action du chlore ou du brome qui donnent les dérivés dihalogénés auxquels on enlève $2^{mol}$ d'acides chlorhydrique ou bromhydrique par la potasse alcoolique, l'éthylate de sodium ou la diéthylaniline. On obtient ainsi de l'isoprène.

*Synthèse de M. Neresheimer* [2]. — Dans un ballon muni

---

[1] Brevet français n° 427 286 du 7 mars 1911.
[2] *Moniteur scientifique*, mai 1912.

d'un réfrigérant, on place $100^g$ de sodium sur lequel on fait tomber goutte à goutte $50^g$ d'une solution de pyrotartrate d'éthyle dans $200^g$ d'alcool absolu. Le sodium commence à se dissoudre, on active cette combinaison en chauffant le ballon au bain-marie pendant 1 à 2 heures. Quand la dissolution est complète on distille la majeure partie de l'alcool et on laisse refroidir. On ajoute très lentement $300^{cm^3}$ d'eau, puis on laisse reposer. Le lendemain, on traite le produit par un courant de $CO^2$ et le carbonate de sodium se précipite. On l'essore et on lave avec de l'alcool absolu additionné d'éther. Le filtrat est évaporé dans le vide, au bain-marie, à $80°$ et le résidu est distillé au bain d'huile, le β-méthyltétraméthylène-glycol

$$CH^2OH - CH - CH^2 - CH^2OH$$
$$| $$
$$CH^3$$

passe entre $124°$ et $125°$, sous la pression de $13^{mm}$ de mercure. C'est un liquide incolore ayant la consistance de la glycérine. On prépare ensuite le dibromure de ce glycol

$$CH^2Br - CH - CH^2 - CH^2Br$$
$$| $$
$$CH^3$$

en le chauffant avec $3^{vol}$ d'acide bromhydrique pendant 3 heures, en tube scellé, à $100°$. Le liquide formé est saturé par $CO^3K^2$ et l'on épuise à l'éther. Après évaporation de l'éther et dessiccation, on fractionne dans le vide. Le dibromure passe à $84°-86°$ sous $11^{mm}$ de pression. Pour passer maintenant à l'isoprène, il y a deux méthodes :

1° On chauffe $40^g$ de dibromure avec $150^g$ de quinoléine et l'on distille lentement. Le distillat est agité avec de l'acide sulfurique dilué, puis fractionné sur du chlorure de calcium. L'isoprène passe entre $30°$ et $37°$.

2° ([1]) On chauffe $15^g$ de dibromure avec $25^g$ d'une

---

([1]) Brevet allemand n° 231 806, cl. 12 des Elberfelder Fabriken.

solution à 33 pour 100 de triméthylamine dans l'alcool absolu, pendant 3 heures, en tube scellé, à 100°. On évapore avec précaution dans le vide. On obtient ainsi le bromure *bis*-quaternaire

$$Br(CH^3)^3 Az\,CH^2 - CH^2 - \underset{\underset{\displaystyle CH^3}{|}}{CH} - CH^2 Az(CH^3)^3 Br.$$

On le traite par de l'oxyde d'argent humide, ce qui donne

$$OH(CH^3)^3 Az\,CH^2 - CH^2 - \underset{\underset{\displaystyle CH^3}{|}}{CH} - CH^2 Az(CH^3)^3 OH;$$

on filtre ; le liquide, très alcalin, est évaporé dans le vide, le produit distille à 100°. Il subit alors la décomposition suivante :

$$OH(CH^3)^3 Az\,CH^2 - CH^2 - \underset{\underset{\displaystyle CH^3}{|}}{CH} - CH^2 Az(CH^3)^3 OH \text{ donne :}$$

$$\underset{\text{triméthylamine.}}{2\,Az(CH^3)^3} + 2\,H^2 O + CH^2 = \underset{\underset{\displaystyle \underset{\text{isoprène.}}{CH^3}}{|}}{C} - CH = CH^2$$

les vapeurs de triméthylamine et d'eau sont condensées dans un réfrigérant non refroidi et l'isoprène est condensé plus loin dans un mélange réfrigérant.

Le rendement dépasse 50 pour 100.

*Synthèse de MM. Standinger et Klever* ([1]). — On chauffe sous pression réduite ($20^{mm}$ à $30^{mm}$ de mercure) un terpène tétravalent, le dipentène ou limonène qui se rencontre dans l'essence de térébenthine de Russie et de Suède, dans l'essence d'élémi, dans les produits de distillation sèche du caoutchouc et du camphre. Il se forme en même temps que le camphrène lorsqu'on fait agir de l'acide sulfurique sur l'essence de térébenthine. Lorsqu'on

_______

[1] *Berichte der Deutschen Chemie Gesellschaft*, 1911, p. 2213.

le chauffe, il se scinde en $2^{mol}$ d'isoprène, ainsi qu'on peut le voir par l'examen des schémas suivants :

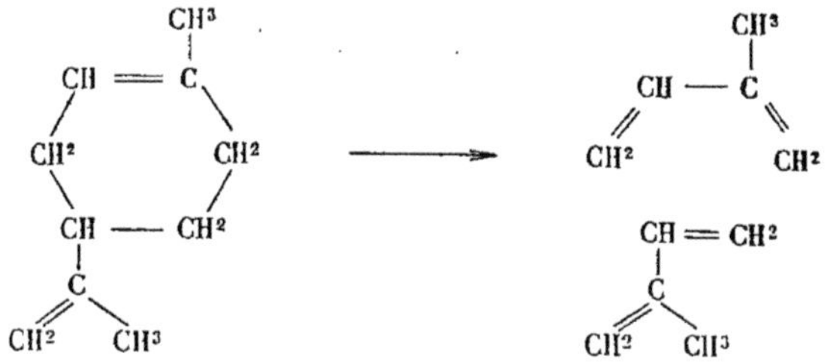

$$
\begin{array}{ccc}
& CH^3 & \\
& | & \\
CH = C & & \\
CH^2 \quad CH^2 & \longrightarrow & \\
CH - CH^2 & & \\
C & & \\
CH^2 \quad CH^3 & &
\end{array}
\qquad
\begin{array}{c}
CH^3 \\
| \\
CH - C \\
CH^2 \quad CH^2 \\
CH = CH^2 \\
C \\
CH^2 \quad CH^3
\end{array}
$$

**β-γ-DIMÉTHYLBUTADIÈNE**

$$CH^2 = C - C = CH^2$$
$$\qquad\; | \quad | $$
$$\qquad CH^3 \; CH^3$$

Cet hydrocarbure a été également très étudié, on l'obtient d'ailleurs avec de bons rendements en partant de la pinacone. Cette dernière s'obtient très facilement en faisant agir l'amalgame de magnésium sur l'acétone (méthode d'Holleman, *Centralblatt*, 1906, p. 748).

*Synthèse de Meisenburg et Delbrück* [1]. — On fait chauffer dans un appareil de distillation $500^g$ de pinacone

$$
\begin{array}{c}
OH \quad OH \\
| \quad\; | \\
CH^3 - C - C - CH^3 \\
| \quad\; | \\
CH^3 \; CH^3
\end{array}
$$

avec $750^g$ de bisulfate de potassium $SO^4 HK$ ou de pyrosulfate de potassium $S^2 O^7 K^2$ qui lui enlèvent $2^{mol}$ d'eau. Le liquide qui distille forme deux couches. On sépare la couche supérieure, on la dessèche sur du chlorure de cal-

---

[1] Brevet français n° 425 582 du 4 février 1911 des Elberfelder Fabriken, et brevet allemand n° 574 661, 1V, 12 de la Badische Anilin und Sodafabrik.

cium, et on la purifie par distillation fractionnée, la portion 68°-71° est du β-γ-diméthylbutadiène.

On peut remplacer le bisulfate de potassium par du bisulfate de sodium ou de l'acide naphtaline 1.5-disulfonique ou de l'acide 1.5-aminonaphtol-3.7-disulfonique ou d'autres sels acides d'acides sulfoniques.

Le β-γ-diméthylbutadiène est un liquide incolore bouillant à 71°.

*Autres synthèses.* — Pour mémoire, nous citerons les préparations suivantes :

1° Action de l'acide sulfurique dilué sur la pinacone (COUTURIER, *Bull. Soc. chim.*, 1886, p. 80);

2° Action de la potasse alcoolique sur la pinacone dichlorée (KONDAKOW, *Bull. Soc. chim.*, 1880, p. 454).

### POLYMÉRISATION DU BUTADIÈNE ET DE SES DÉRIVÉS.

En 1875, Bouchardat émit le premier l'idée que l'isoprène qu'il avait trouvé dans les produits de la distillation sèche du caoutchouc pouvait reconstituer ce dernier par polymérisation, mais il ne put réussir cette synthèse qui fut réalisée en 1882, par Tilden. Les procédés proposés pour obtenir la polymérisation des trois carbures que nous venons d'étudier sont sensiblement analogues et certaines s'appliquent aux trois, nous les examinerons cependant séparément.

### POLYMÉRISATION DU BUTADIÈNE.

Pour produire la polymérisation de ce carbure, il suffit généralement de le chauffer pendant un certain temps. On peut, par exemple, le chauffer en autoclave pendant 4 jours entre 90° et 100° ([1]); on laisse refroidir et

---

([1]) Brevet français n °418 544, des Farbenfabriken vorm. Bayer et Cᵒ, du 23 juillet 1910.

l'on entraîne le butadiène restant par la vapeur d'eau. Le résidu est séché au bain-marie dans le vide, c'est un produit élastique ressemblant beaucoup au caoutchouc naturel.

Si l'on met le butadiène en solution dans le benzène, la polymérisation ne demande qu'un chauffage d'une durée de 10 heures, à la température de 150°; la suite du traitement est la même que précédemment.

La polymérisation peut également être provoquée par certains métaux alcalins ou alcalino-terreux ou leurs mélanges, alliages et amalgames. Par exemple, on ajoute à 100 parties d'érythrène 0,5 partie de sodium [1]. On bouche le récipient et on l'abandonne. Quelques jours après, on enlève l'excès de sodium au moyen d'alcool ou d'eau et l'on sèche le produit solide à la calandre. On peut substituer au sodium 10 parties d'un amalgame de sodium à 10 pour 100. Une plus grande proportion de sodium n'activerait pas la polymérisation. Ainsi, un mélange de 100 parties de butadiène et de 3 parties de sodium exigerait une température de 36° pendant plusieurs semaines.

La polymérisation du butadiène peut être obtenue à froid et assez rapidement en ajoutant à ce butadiène une quantité égale du produit obtenu au moyen du sodium au cours d'une opération précédente [2]. On obtient ainsi au bout de quelques jours une polymérisation quantitative. Le même procédé s'applique aux deux autres carbures précédemment étudiés; on ajoute alors une certaine quantité du produit solide correspondant.

Certaines substances organiques, telles que l'amidon, l'albumen de l'œuf, l'urée, la glycérine, le sérum de sang,

---

[1] Brevet français n° 434 989, des Farbenfabriken vorm. Bayer et C°, du 7 octobre 1911.

[2] Brevet français n° 441 802, du 19 février 1912, des Farbenfabriken vorm. Friedr. Bayer et C°.

provoquent cette polymérisation à la température ordinaire, mais l'opération demande quelques mois (¹). Le procédé s'applique également à l'isoprène et au β-γ-diméthylbutadiène.

### POLYMÉRISATION DE L'ISOPRÈNE.

En chauffant simplement de l'isoprène, on peut obtenir une substance ressemblant énormément au caoutchouc naturel, tant au point de vue physique qu'au point de vue chimique et susceptible, en conséquence, de rivaliser avec lui dans ses emplois industriels.

Wallach (*Annalen der Chemie*, p. 227-295), en chauffant de l'isoprène obtenu par la distillation sèche du caoutchouc naturel, n'a pu produire que du dipentène, et Bouchardat (*Bull. de la Soc. chim.*, p. 2, 24, 112) n'a obtenu, dans les mêmes conditions, qu'un mélange consistant principalement en dipentène et en une résine ressemblant à la colophane. Ces échecs peuvent s'expliquer par l'impureté de l'isoprène employé.

La température nécessaire pour polymériser l'isoprène pur varie entre de larges limites, mais il est bon de ne pas dépasser 200°, car, au-dessus de cette température, il se produit beaucoup de terpènes. L'isoprène peut également être dilué dans des dissolvants ou additionné d'agents catalyseurs alcalins, neutres ou acides (²).

Exemples d'opérations : 1° on chauffe de l'isoprène pendant 6 jours, en autoclave, entre 90° et 100°. Au bout de ce temps, on laisse refroidir et l'on chasse l'excès d'isoprène par la vapeur d'eau, le résidu est blanc; 2° on dissout de l'isoprène dans deux fois son poids de benzène, on chauffe à 120°, en autoclave, pendant 2 jours. Après élimination du solvant et de l'isoprène non transformé,

---

(¹) Brevet français n° 433 076.

(²) Brevet français n° 449 316 des Farbenfabriken vorm. Friedr. Bayer et C°, du 12 août 1910.]

il reste une masse tenace et transparente qui, par lavage à l'alcool, devient opaque.

M. Harriès a eu l'occasion d'analyser le caoutchouc ainsi obtenu, comparativement avec du caoutchouc naturel; il a trouvé les chiffres suivants :

|   | Calculé pour $C^{10}H^{16}$. | Trouvé. |
|---|---|---|
| C | 88,2 | 86,92 |
| H | 11,7 | 11,87 |

Différents réactifs ont été employés pour produire la polymérisation de l'isoprène. M. Heinemann [1] préconise l'emploi de l'oxygène libre, de l'oxygène naissant ou de l'ozone. Il fait passer, par exemple, dans $1^l$ d'isoprène, $20^l$ d'oxygène en refroidissant. Cette opération est répétée pendant 2 heures; on place ensuite le liquide dans un autoclave et on le chauffe de 40° à 105° et pendant un temps qui peut varier de quelques heures à plusieurs jours, jusqu'à obtenir l'épaississement. On laisse alors refroidir, puis on fait évaporer l'isoprène qui n'a pas été transformé; on peut également ajouter de l'alcool qui dissout l'isoprène et précipite le caoutchouc. Dans l'opération précédente, l'isoprène peut être mis en solution dans le benzène ou tout autre liquide inattaquable dans ces conditions. L'oxygène libre peut être avantageusement remplacé par l'ozone ou par l'oxygène naissant. Dans ce dernier cas, on ajoute à l'isoprène un mélange de bioxyde de baryum et d'acide sulfurique dilué ou une petite quantité d'eau oxygénée dont on provoque la décomposition lente par un moyen quelconque.

La polymérisation de l'isoprène peut être obtenue à la température ordinaire lorsqu'on y ajoute 1 à 2 pour 100 de sérum stérilisé : au bout de quelques mois, il se sépare une couche blanche de caoutchouc [2].

---

[1] Brevet français n° 430 658, du 7 juin 1911.
[2] Brevet français n° 435 076.

M. Heinemann estime que l'élasticité et la flexibilité du caoutchouc, qui sont dues à sa structure, résultent de la présence de substances mal définies appelées *protéides* ou *protéines*. Il a préconisé, en conséquence, un mode de polymérisation de l'isoprène et de ses homologues qui consiste à y ajouter une petite quantité de ces matières ([1]). On ajoute, par exemple, 2 parties de protéides à 100 parties d'isoprène et on lui fait subir un des traitements précités. On peut encore faire dissoudre 100 parties de caoutchouc synthétique dans du benzol, ajouter 2 parties de protéides et chauffer doucement pendant 2 heures; l'évaporation du solvant laisse un caoutchouc qui se rapproche encore plus du produit naturel.

La protéide peut être d'origine animale ou végétale; l'auteur signale particulièrement la kératine (substance qui forme la majeure partie de la corne, des ongles, des soies, des plumes, de la laine et de l'épiderme; elle a une grande analogie de propriétés et de composition avec l'épithélium) et les peptones (substances dont la composition est voisine de celle des albuminoïdes dont elles dérivent).

M. Harriès a particulièrement étudié la polymérisation de l'isoprène par l'acide acétique ([2]). Il additionne l'isoprène de son volume d'acide acétique cristallisable et chauffe, en tubes scellés, pendant 8 jours à 100° environ au bain-marie. De la solution incolore, il se sépare une huile qu'on décante et lave à l'alcool. Cette huile se solidifie au bout d'un temps plus ou moins long et se transforme en un produit malléable. On obtient le même résultat, quelle que soit la proportion d'acide acétique ajoutée à l'isoprène et à des températures variant

---

([1]) Brevet français n° 439 101, du 18 janvier 1912, de M. Heinemann.

([2]) *Annalen der Chemie*, 18 août et 7 novembre 1911, et *Moniteur scientifique*, mai 1912.

entre 95° et 120°. Avec deux gouttes seulement d'acide acétique dans 20$^{cm^3}$ d'isoprène, le caoutchouc ne se sépare cependant pas et l'on doit enlever, par distillation, l'isoprène non transformé pour obtenir le caoutchouc dans sa forme solide. Au point de vue pratique, les Farbenfabriken d'Elberfeld ont fait breveter un procédé destiné à empêcher la glutination et la résinification des caoutchoucs ainsi obtenus : il consiste à les faire macérer pendant 24 heures dans de l'eau ammoniacale à 2 pour 100 ou dans une solution de diméthylamine; on les sèche ensuite à l'air libre.

Au moyen de ce procédé de polymérisation, M. Harries a pu mettre en évidence plusieurs faits qui confirment la similitude parfaite du caoutchouc synthétique avec le caoutchouc naturel. Ce savant a montré, d'autre part, que le caoutchouc naturel, purifié par plusieurs précipitations, pouvait se présenter sous trois formes : l'un, la forme $c$, est huileuse et se produit sous l'action de la chaleur, en solution; une autre, la forme $a$ est représentée par le caoutchouc ordinaire solide; la troisième, la forme $b$, représente un caoutchouc complètement insoluble. Ces trois états peuvent se succéder sous différentes influences; c'est ainsi que le temps transforme le caoutchouc $c$ et le caoutchouc $b$ en caoutchouc $a$, la chaleur agissant sur une solution de caoutchouc $a$ peut donner naissance à la forme $c$. Le caoutchouc $b$ peut être transformé en $a$ ou en $c$, par ébullition avec de l'acide acétique, ce qui rend $b$ insoluble. Des modifications semblables peuvent être constatées avec le caoutchouc artificiel. Plus ce dernier est pur et plus il se transforme facilement en produit $b$.

On peut expliquer ces différences d'états par l'isomérie. Dans la formule du caoutchouc, on peut, en effet, supposer soit un déplacement des liaisons doubles, soit un déplace-

---

($^1$ Brevet français n° 441477

ment des groupes méthyle tel que sur l'exemple suivant :

$$CH_3-C(=CH-CH_2-CH_2-C(CH_3)=CH-)CH_2 \longrightarrow CH_3-C(=CH-CH_2-CH_2-CH(CH_3)-CH=CH-)CH_2$$

*Moyens d'accélérer la polymérisation.* — La plupart des méthodes préconisées dans le but de provoquer la polymérisation de l'isoprène exigent un contact prolongé entre le carbure et le réactif choisi, certaines préparations demandent même plusieurs mois. On s'est donc préoccupé de trouver des moyens d'accélérer ces réactions tout en obtenant de bons rendements.

Les chimistes de la Badische Aniline und Soda-Fabrik ont trouvé ([1]) qu'en ajoutant au carbure de petites quantités d'acides organiques ou inorganiques ou de sels acides, ou de soufre, on obtenait le résultat cherché. Il est inutile et même nuisible d'exagérer la dose de réactif, ainsi l'addition de 0,2 pour 100 de soufre à l'isoprène augmente considérablement le rendement en caoutchouc, tandis qu'en ajoutant 2 pour 100 de soufre, on n'obtient qu'un produit visqueux. Avec l'acide sulfurique, le meilleur rendement est obtenu par une addition de 0,002 pour 100.

Exemples d'opérations : 1° on ajoute à 500 parties d'isoprène 1 partie de fleur de soufre et l'on chauffe en autoclave 5 jours à 100°. On élimine ensuite, par de la vapeur d'eau, la petite quantité d'isoprène non transformé et il reste une masse blanche, élastique.

2° A 500 parties d'isoprène, on ajoute 100 parties

---

([1]) Brevet français n° 434587, du 26 septembre 1911.

d'une solution aqueuse à 0,01 pour 100 d'acide sulfurique et l'on opère dans les mêmes conditions que précédemment.

La Badische préconise l'addition à l'hydrocarbure à polymériser de corps susceptibles de céder de l'oxygène ou d'en transporter ([1]). Parmi les premiers, l'auteur signale particulièrement le vieux caoutchouc (qu'il soit d'origine naturelle ou synthétique, vulcanisé ou non), l'isoprène ou ses homologues, ayant subi un commencement d'oxydation, les peroxydes tels que le peroxyde de benzoyle. et les composés analogues de matières organiques ou inorganiques tels que les perborates, les ozonides des terpènes et du caoutchouc, etc.

Parmi les corps susceptibles d'effectuer un transport d'oxygène, le sulfate cérique, les sels bleus du vanadium, les métaux oxydables tels que le sodium conviennent particulièrement.

On ajoute, par exemple, 2 parties de vieux caoutchouc à 100 parties d'isoprène et l'on chauffe en autoclave à 100° jusqu'à obtenir la polymérisation complète. Dans cette opération, les deux parties de caoutchouc peuvent être remplacées par une quantité égale de perborate de sodium.

Les mêmes procédés s'appliquent d'ailleurs aux homologues de l'isoprène : le butadium et le diméthyl-$\alpha$-$\gamma$-butadiène.

### POLYMÉRISATION DU $\beta$-$\gamma$-DIMÉTHYLBUTADIÈNE.

Chauffé en autoclave, seul ou avec des composés indifférents, le $\beta$-$\gamma$-diméthylbutadiène donne facilement et sans sous-produits le caoutchouc qui lui correspond. On peut ajouter au carbure des alcalis ou des bases alcalino-terreuses, soit du cyanure de potassium, en solu-

_______________

([1]) Brevet français, n° 440 173, du 14 janvier 1912.

tion aqueuse ou alcoolique, ou encore en suspension dans l'un de ces véhicules ([1]).

Exemples : On chauffe pendant 6o heures à 100° un mélange à parties égales de β-γ-diméthylbutadiène et d'eau. L'opération terminée, il suffit d'éliminer par un courant de vapeur la petite quantité de carbure non transformé. On obtient un aussi bon résultat en mélangeant le carbure à un volume égal de soude caustique à 20° Baumé et en chauffant pendant 8o heures à 100°.

Les chimistes des Farbenfabriken ([2]) préconisent l'addition de l'aniline en solution aqueuse. Ils mélangent 100 parties de carbures et 1000 parties d'eau contenant 2 pour 100 d'aniline ou d'ammoniaque ou de diméthylamine, puis ils laissent en contact pendant 24 heures. Le caoutchouc obtenu est passé entre deux cylindres, ce qui le débarrasse des réactifs et lui donne de l'homogénéité.

La polymérisation peut être également obtenue, comme pour les carbures précédents, à la température ordinaire, par un contact de plusieurs mois avec 1 à 2 pour 100 d'urée ou en solution benzénique par un chauffage de 10 heures à 200° en autoclave.

M. Harriès a également effectué la polymérisation du β-γ-diméthylbutadiène, mais son procédé à l'acide acétique ne lui a pas donné d'aussi bons résultats qu'avec l'isoprène. Par contre, en chauffant 5o$^g$ de ce carbure en tubes scellés pendant 23 jours à 100°, il a obtenu 16$^g$ d'un beau caoutchouc se distinguant à peine de celui de l'isoprène ([3]).

---

[1] Brevet français n° 417 768, de la Badische Anilin und Soda-Fabrik, du 11 juin 1910.

[2] Brevet français n° 441 655, du 22 mars 1912, des Farbenfabriken vorm. Friedr. Bayer et C°.

[3] *Moniteur scientifique* de mai 1912.

## POLYMÉRISATION DU BUTADIÈNE ET DE SES HOMOLOGUES AU MOYEN DU SODIUM.

Les caoutchoucs obtenus par les procédés de polymérisation précédemment indiqués et, en particulier, ceux obtenus au moyen de l'acide acétique cristallisable (méthode de M. Harriès), peuvent être désignés sous le nom de *caoutchoucs normaux* par antagonisme avec ceux que M. Harriès appelle *caoutchoucs anormaux*, résultats de la polymérisation du butadiène et de ses homologues au moyen du sodium.

MM. Mathews et Strange, traitant 20 parties d'isoprène par 1 partie de sodium, remarquèrent récemment qu'une petite quantité de sodium entrait en solution [1] et qu'au bout de quelque temps le mélange, étant abandonné à la température ordinaire, s'épaississait. La substance solide fut séparée de l'excès de sodium et de carbure sous l'influence de vapeur d'eau et ils obtinrent ainsi un très beau caoutchouc. Les mêmes résultats furent obtenus avec le potassium ou un métal alcalino-terreux à l'état d'alliage ou d'amalgame.

Concurremment, M. Harriès étudiait l'action du sodium sur le butadiène et ses homologues. Il a résumé ses recherches dans les numéros des 18 août et 7 novembre 1911 des *Annalen der Chemie*.

Si l'on chauffe, en tube scellé, pendant 3 heures, à 35°-40", un mélange de 9$^g$ de butadiène avec o$^g$,5 de sodium en fils, le contenu du tube est transformé en une masse brune, épaisse et gélatineuse. Après un lavage de cette matière par de l'alcool dilué qui élimine le sodium inaltéré, on obtient un excellent caoutchouc, jaune clair, transparent sous une faible épaisseur. La réaction est quantitative. La polymérisation peut avoir lieu à la tem-

[1] Brevet français n° 437 547, du 24 octobre 1911, de MM. Mathews et Strange.

pérature ordinaire, mais alors la réaction demande plus longtemps. Le caoutchouc grimpe le long des fils de sodium et, par la polymérisation, il se produit une diminution de volume. Lorsqu'il vient d'être préparé, ce caoutchouc est assez facilement soluble dans l'éther, le chloroforme et le benzène, mais il perd assez rapidement cette propriété, surtout s'il a été calandré. Il se vulcanise facilement à froid et le produit obtenu possède une élasticité supérieure à tous les autres échantillons de caoutchouc artificiels vulcanisés.

La polymérisation de l'isoprène est plus difficile à obtenir : il faut le chauffer pendant 50 heures à 60° avec le sodium en fils. La réaction est également quantitative. Le caoutchouc obtenu se distingue du caoutchouc normal de l'isoprène dans la manière dont il se comporte lorsqu'on l'étire : le premier s'étire en bandes plates comme le para naturel, tandis que le second s'étire en fils arrondis.

L'étude des dérivés de ce corps et surtout l'action de l'ozone montrent qu'on se trouve en présence d'un corps différent du caoutchouc normal de l'isoprène.

La polymérisation du $\beta$-$\gamma$-diméthylbutadiène par le sodium en fils se produit dans les mêmes conditions que celle de l'isoprène, mais demande cependant plus longtemps : 10 à 12 jours. Après ce temps, le contenu du tube est coloré en brun; repris par l'éther, il laisse une portion blanche, insoluble dans tous les solvants. Le caoutchouc est précipité de la solution éthérée par l'alcool; c'est un produit très différent du caoutchouc normal correspondant : il rappelle extérieurement la gutta-percha et se comporte vis-à-vis de l'ozone comme le caoutchouc anormal de l'isoprène.


### AUTRES TENTATIVES DE SYNTHÈSE.

Quelques chercheurs ont pensé obtenir la synthèse du caoutchouc en se servant du ferment extrait du caoutchouc vierge pour l'ensemencement de divers milieux. Nous parlerons de ces tentatives sous toutes réserves, n'ayant aucune connaissance des résultats obtenus.

Le ferment est isolé de la façon suivante : on découpe en petits morceaux du caoutchouc vierge non fumé et non aseptisé, on le dissout dans du benzène, puis on expose à la lumière le flacon bouché en l'agitant fréquemment. Au bout d'un certain temps, la fluidité de la solution augmente, puis il se forme un dépôt épais. On porte alors le flacon dans une étuve chauffée à 5o°, et on l'y laisse jusqu'à ce que le dépôt se soit redissous et ait donné une solution rouge. On verse alors ce liquide dans $2^{vol}$ d'alcool à 8o°, on recueille le précipité et l'on s'en sert pour l'ensemencement [1].

M. Callender opère d'une façon différente [2]. Au latex frais, il ajoute un ferment protéolytique qui soit actif en solution alcaline ou neutre (ferment d'ananas ou broméline, par exemple), et le laisse agir pendant 2 jours, puis il fait passer dans le mélange à un courant d'oxygène ou d'air. Lorsque la précipitation est complète, on sépare par filtration le caoutchouc finement divisé qui s'est formé. La solution est concentrée à basse température et l'on précipite le ferment de caoutchouc par addition d'alcool.

Les matières soumises à la fermentation sont le goudron de houille, la poix ou la tourbe lavée.

Un autre chercheur [3] mélange à froid $10^{kg}$ de goudron de houille et $1^{kg}$ d'acide borique, et ajoute un peu d'alcool pour produire un mélange intime. Il ensemence alors ce mélange avec une petite quantité du ferment extrait par le premier procédé et chauffé à l'étuve à 6o°, en faisant passer un courant d'oxygène pendant 15 jours.

---

[1] Brevet français n° 336 206.
[2] Brevet français n° 427 012, du 8 mars 1911.
[3] Brevet français n° 336 206.

M. Callender ([1]) ensemence avec le ferment préparé par la seconde méthode le goudron, la poix, les résines, les gommes, les hydrocarbures terpiniques. Il chauffe, par exemple, du goudron de houille de façon à le débarrasser de l'ammoniaque qu'il contient, puis il le filtre et le répand dans des bacs, il ensemence avec une solution benzénique du ferment, puis chauffe pendant 10 jours à l'étuve à 45° en faisant passer lentement un courant d'oxygène. Au bout de ce temps, la masse est précipitée dans l'alcool méthylique, la partie insoluble est comprimée pour éliminer l'alcool qu'elle retient.

La houille ou toute autre matière végétale, disent MM. Blum et Carpentier ([2]), donne par fermentation une masse mucilagineuse qui contient de l'isoprène. La tourbe est débarrassée des substances terreuses qu'elle contient, puis mise en suspension dans de l'eau à 80°, on y ajoute un ferment et l'on maintient pendant 3 semaines à 6°. Il se dégage de l'acide carbonique. Au bout de ce temps, on peut retirer du mélange 5 pour 100 d'une matière mucilagineuse dont on extrait les hydrocarbures par du sulfure de carbone. Ces carbures sont ensuite traités par un dérivé azoteux d'irone en présence de carbonates. (Le dérivé d'irone est obtenu en désagrégeant de la racine d'iris, en l'épuisant à l'eau chaude qui dissout l'irone. Cette dernière est ensuite traitée par le chlore, puis par une amine; le dérivé azoteux se dépose en cristaux bruns.)

Dans un brevet ultérieur, MM. Blum et Carpentier ([3]) indiquent un procédé différent. Ils ensemencent la tourbe préparée comme précédemment, au moyen du ferment extrait du caoutchouc imparfaitement formé. Ils chauffent le mélange au-dessous de 70° à l'abri de la lumière en pré-

---

([1]) Brevet français n° 427 012, du 8 mars 1911.
([2]) Brevet français n° 393 027, du 8 octobre 1908.
([3]) Brevet français, n° 399 345, du 5 janvier 1909.

sence d'un agent réducteur tel que le zinc. L'hydrocarbure qui se forme est transvasé, à l'abri de l'air, dans un récipient contenant de l'eau et des sels minéraux, ainsi qu'une substance azotée extraite du caoutchouc rouge du Haut-Congo. Le mélange est chauffé à la vapeur pendant un certain temps, puis refroidi. On trouve dans le récipient une matière élastique que les auteurs croient être du caoutchouc para.

Enfin, dans un autre ordre d'idées, si l'on fait agir sur la glycérine certains acides organiques de forme $C^n H^{2n-2} O^4$, et obtient des composés plastiques qui, sous l'influence de la chaleur seule, influence qui peut être complétée par celle d'un déshydratant, fournissent d'abord des composés oxydés plastiques, puis, par perte d'eau et d'oxygène (sous forme d'oxyde et de carbone, d'anhydride carbonique ou d'acide formique), des hydrocarbures analogues à ceux qui constituent le caoutchouc. Par exemple, des parties égales de glycérine et d'acide succinique sont mélangées, puis chauffées, on malaxe pendant l'opération : il se dégage d'abord de l'eau, puis des matières inflammables. A 200°-220°, la masse devient plastique, il suffit d'arrêter la réaction lorsque la plasticité désirée est obtenue [1].

### VULCANISATION DES PRODUITS DE POLYMÉRISATION DU BUTADIÈNE ET DE SES HOMOLOGUES.

Pour procéder à la vulcanisation de petites quantités de caoutchouc synthétique, par exemple, au cours des essais de polymérisation du butadiène et de ses homologues, les chimistes des Farbenfabriken vorm. Friedr. Bayer et C° effectuent des vulcanisations à froid par le procédé suivant : Le caoutchouc est dissous dans un véhicule quelconque. On trempe alors dans cette solution

---

[1] Brevet français n° 397 510.

un objet quelconque, non poreux, tel qu'un vase à réaction, ce dernier exposé ensuite à l'air se trouve recouvert d'une mince pellicule de caoutchouc, on recommence la même opération plusieurs fois, de façon à obtenir une pellicule d'une certaine épaisseur, puis on trempe le vase de la même manière pendant 3o secondes dans une solution à 2,5 pour 100 de chlorure de soufre dans le sulfure de carbone. On lave rapidement à l'éther et on laisse sécher, la pellicule de caoutchouc vulcanisée peut alors être facilement séparée de son support.

On peut également verser une solution de 5o parties de caoutchouc dans 100 parties de benzène, dans une solution de 1 partie de chlorure de soufre dans 5o parties de sulfure de carbone. Après 1 minute et demie à 2 minutes de réaction, on verse le tout dans un excès d'alcool et le caoutchouc vulcanisé se précipite ([1]).

Pour des opérations plus importantes on emploie plutôt la vulcanisation à chaud : on mélange, par exemple, à la meule 5o parties de caoutchouc avec 15 parties de soufre pulvérisé, puis on chauffe à l'étuve pendant 6 heures à 15o°-16o°, ou bien à la vapeur d'eau sous une pression de $3^{atm}$ à $4^{atm}$ pendant 1 à 2 heures.

A la Badische Anilin und Soda-Fabrik ([2]) on chauffe le caoutchouc synthétique mélangé à 8 pour 100 de soufre en fleur et préalablement malaxé au laminoir, pendant 1 heure et demie à 2 heures dans la presse à vulcaniser ou en autoclave. Par une addition de 3o à 4o pour 100 de soufre et un chauffage à une température plus élevée que celle qui correspond à une pression de vapeur de $3^{atm}$, on obtient un produit semblable à l'ébonite.

---

([1]) Brevet français n° 427 299, des Farbenfabriken vorm. Friedr Bayer et C°, du 14 mars 1911.

([2]) Brevet n° 441 204, du 11 mars 1912, de la Badische Anilin und Soda-Fabrik.

## BREVETS RELATIFS A LA SYNTHÈSE DU CAOUTCHOUC.

25 janvier 1900. — 296 521, Cordner. Production par synthèse du caoutchouc.

24 février 1908. — 387 150, Les produits chimiques de Croissy Ltd. Procédé de fabrication d'un nouveau caoutchouc synthétique.

30 septembre 1908. — 394 793, Heinemann. Procédé de production synthétique du caoutchouc.

8 octobre 1908. — 395 027, Blum et Carpentier. Procédé de fabrication du caoutchouc para artificiel.

5 janvier 1909. — 399 345, Blum et Carpentier. Perfectionnements dans la fabrication du caoutchouc para artificiel.

11 juin 1910. — 417 768, Société Badische Anilin et Soda-Fabrik. Procédé pour la production de substances ayant les propriétés du caoutchouc.

23 juillet 1910. — 418 544, Société Farbenfabriken vorm. Friedr. Bayer et C⁰. Procédé de production d'une substance ressemblant au caoutchouc et le produit qui en résulte.

12 août 1910. — 419 316, Société Farbenfabriken vorm. Fried. Bayer et C⁰. Procédé de production d'une substance ressemblant au caoutchouc et le produit qui en résulte.

28 novembre 1910. — 423 112, Woltereck. Perfectionnement dans le mode de production de l'isoprène.

4 février 1911. — 425 582, Farbenfabriken vorm. Friedr. Bayer et C⁰. Procédé de production du $\beta$-$\gamma$-diméthylbutadiène.

8 mars 1911. — 427 012, Callender. Procédé pour la production du caoutchouc ou d'autres substances ressemblant au caoutchouc et de ferments pour la production de ses substances.

7 mars 1911. — 427 286, Perkin, Weizmann, Mathews et Strange. Perfectionnements apportés à la production synthétique du caoutchouc et d'un produit intermédiaire.

14 mars 1911. — 427 299, Société Farbenfabriken vorm. Friedr. Bayer et C⁰. Procédé de fabrication de produits ressemblant au caoutchouc vulcanisé.

7 juin 1911. — 430 638, Heinemann. Procédé de fabrication du caoutchouc au moyen de l'isoprène.

26 septembre 1911. — 434 587, Société Badische Anilin and Soda-Fabrik. Procédé de production de substances ayant les propriétés du caoutchouc.

7 octobre 1911. — 434 989, Société Farbenfabriken vorm. Friedr. Bayer et C⁰. Procédé pour produire des substances ressemblant au caoutchouc.

24 octobre 1911. — 437 547, Mathews et Strange. Perfectionnements dans la production du caoutchouc synthétique.

18 janvier 1912. — 439 101, Heinemann. Perfectionnements apportés à la préparation du caoutchouc synthétique.

14 janvier 1912. — 440 173, Société Badische Anilin und Soda-Fabrik. Production de substances semblables au caoutchouc.

11 janvier 1912. — 441 204, Société Badische Anilin und Soda-Fabrik. Production de substances semblables au caoutchouc.

19 février 1912. — 441 802, Société Farbenfabriken vorm. Friedr. Bayer et Cº. Procédé de production du caoutchouc, ses homologues et analogues.

21 mars 1912. — 442 980, Ostromislensky et Société pour la production et la vente des articles en caoutchouc « Bogatyr ». Procédé pour l'obtention d'isoprène et ses homologues à l'aide des dipentènes et leurs isomères et analogues.

21 mars 1912. — 442 981, Ostromislensky et Société pour la production et la vente des articles en caoutchouc « Bogatyr ». Procédé pour l'obtention du caoutchouc à l'aide des chlorures ou bromures de vinyle ou analogues.

21 mars 1912. — 442 982, Ostromislensky et Société pour la production et la vente des articles en caoutchouc « Bogatyr ». Procédé d'obtention du caoutchouc et de ses homologues ou isomères à l'aide de l'isoprène et des corps analogues.

30 mars 1912. — 442 991, Ostromislensky et Société pour la production et la vente des articles en caoutchouc « Bogatyr ». Procédé de fabrication du caoutchouc ou de substances analogues à l'aide des composés halogénés des matières organiques.

27 juillet 1911. — 444 031, Anquetil. Procédé de préparation du caoutchouc synthétique.

# CHAPITRE II.

## RÉGÉNÉRATION DU CAOUTCHOUC.

Le caoutchouc vulcanisé, sous l'influence des agents atmosphériques, du travail auquel il est soumis, et, probablement, par suite de réactions internes, perd, au bout d'un certain temps, la principale de ses propriétés ; son élasticité devient nulle et, lorsqu'on veut l'étirer, il se désagrège et se casse au lieu de revenir à ses dimensions primitives. Dans la plupart des cas, l'altération n'est pas profonde, les objets en caoutchouc, par suite des déformations qu'ils subissent, ne sont généralement modifiés que dans leur forme extérieure, mais peu à peu ils deviennent impropres aux usages pour lesquels ils étaient fabriqués. Pour leur rendre l'élasticité qu'ils ont perdu, il est nécessaire de faire subir à la matière qui les constitue une modification chimique plus ou moins profonde.

Tout d'abord, remarquons qu'il n'y a lieu de pratiquer un tel traitement que sur le caoutchouc souple, c'est-à-dire celui qui n'a été que légèrement vulcanisé et dont une petite partie seulement des doubles liaisons a été saturée par du soufre. Mais le problème de la régénération consiste principalement dans une dépolymérisation du caoutchouc usagé, cette opération ayant pour objet de la ramener au degré de polymérisation qu'il possédait avant la vulcanisation, c'est-à-dire de lui rendre sa plasticité.

Le meilleur agent de dépolymérisation étant la chaleur, les procédés de régénération ont donc comme principe général un chauffage des déchets à une température et dans un milieu tels qu'ils puissent reprendre leur plasticité première. Certains procédés visent plus particulièrement la destruction du produit d'addition résultant de l'action du soufre sur le caoutchouc dans l'opération de la vulcanisation. Nous diviserons donc les procédés de régénération en deux catégories.

1° Ceux qui ont pour but d'obtenir une réappropriation des déchets de caoutchouc, c'est-à-dire l'extraction du caoutchouc vulcanisé contenu dans ces déchets ;

2° Ceux qui ont pour objet l'extraction de la gomme des déchets de caoutchouc vulcanisé. Ces procédés consistant, après avoir éliminé mécaniquement ou chimiquement les matières entrant dans la confection des objets, à dissocier la combinaison du soufre et du caoutchouc.

## 1° Procédés ayant pour but l'extraction du caoutchouc vulcanisé des déchets.

La hausse constante des cours du caoutchouc brut devait avoir pour conséquence la recherche des moyens de tirer parti des déchets de caoutchouc. Ces déchets sont de différentes natures, ce sont d'abord les objets usagés qui ont été déformés par suite des travaux auxquels ils ont été soumis et qui ont plus ou moins perdu leur élasticité, puis des déchets de fabrication et les modèles fabriqués dans les usines.

On conçoit que ce traitement est d'autant plus difficile, que le caoutchouc est noyé dans une plus grande proportion de matières étrangères. Les étoffes imperméabilisées, en particulier, offrent de grandes difficultés de traitement.

Dès 1871, Faure faisait breveter un procédé qui consistait à attaquer les étoffes de laine, de fil ou de coton par de l'acide sulfurique à 53°-58° Baumé (¹). Il

---

(¹) Brevet n° 91 665, du 3 avril 1871.

mélangeait un certain poids d'étoffes déchiquetées avec six fois ce poids d'acide et laissait un contact de 1 jour à 1 semaine, en chauffant de 60° à 80°. Lorsque l'attaque des matières fibreuses était complète, il lavait méthodiquement le caoutchouc dans trois eaux pour récupérer l'acide qui servait ensuite à d'autres usages.

Le procédé Mitchell, très employé en Amérique, est également basé sur l'emploi des acides [1]. Le traitement varie légèrement suivant la grosseur des déchets. Lorsqu'ils sont en morceaux assez gros, on les soumet, après triage et lavage, à l'action d'une petite quantité de benzène à l'état de vapeurs qui pénètre la masse et la prépare à l'action de l'acide. $4^l$ à $9^l$ de benzène sont suffisants pour $500^{ks}$ de déchets. La matière ainsi préparée est introduite dans un autoclave doublé de plomb avec la moitié de son poids d'acide sulfurique du commerce à 66° Baumé (ou encore avec 75 pour 100 de son poids d'acide chlorhydrique ordinaire). On chauffe pendant 5 heures sous une pression variant de $3,5^{atm}$ à $5^{atm}$. Après refroidissement, on trouve dans l'autoclave une masse pâteuse épaisse qu'on transporte dans un laveur de manière à la débarrasser de l'acide qu'elle retient et des matières fibreuses qui ont été désagrégées. Après lavage, le caoutchouc est pétri entre des rouleaux et reprend ainsi sa cohésion et son homogénéité.

La séparation mécanique du caoutchouc vulcanisé des fibres textiles, des éléments métalliques ou d'une autre nature, auxquels il est intimement mélangé, peut être effectuée de différentes façons.

On peut d'abord pulvériser très finement tout en opérant un blutage dans un courant d'air [2]. La pulvérisation est effectuée au moyen de cylindres dentelés à la manière des râpes. La matière pulvérisée est blutée à

---

[1] Brevet français n° 145 927, du 19 novembre 1881.
[2] Brevet américain, n° 418 0461.

l'aide d'une grille en forme de tamis (¹), animée de secousses ou d'un mouvement oscillatoire ou pendulaire, à travers les ouvertures de laquelle tombent les parties les plus lourdes, tandis que les fibres textiles, plus légères, sont éliminées par un courant d'air rasant la surface de la grille ou passant à travers cette dernière.

La mouture du mélange intime que forment finalement la fibre textile et le caoutchouc présente plusieurs inconvénients : en dépit du soin apporté à la pulvérisation, des fibres restent alliées au caoutchouc parce que la pression que les matières subissent a pour effet de mélanger plus intimement ces fibres au caoutchouc; de plus, à la mouture, il se produit une trop grande quantité de poussières, qui sont perdues au tamisage. Ces inconvénients prennent encore plus d'importance lorsque l'opération est effectuée au moyen de batteurs s'engrenant l'un avec l'autre. Dans ce cas, la matière est bien désorganisée par son passage dans des espaces minimes, mais elle est en même temps comprimée et l'on produit, en somme, une pulvérisation en commun des fibres textiles et de la gomme.

Dans le procédé indiqué par M. Penther (²), on évite ces inconvénients en ne produisant pas par broyage une pulvérisation très fine de la matière. On procède à un dégagement des fibres, puis à une sorte d'arrachement comme si l'on effilochait la matière au moyen d'un peigne.

Lorsqu'il s'agit de séparer le caoutchouc, vulcanisé ou non, de déchets auxquels il n'est pas mélangé intimement, on emploie avantageusement le procédé suivant (³), indiqué par M. Van der Linde. Ce procédé consiste à diminuer la densité des particules de caoutchouc sans changer celle des matières étrangères auxquelles il est mélangé. On arrive à ce résultat en soumettant les matières à l'action

---

(¹) Brevet Penther, n° 345 926, du 29 août 1904.

(²) Brevet n° 363 144, du 12 février 1906.

(³) Brevet Van der Linde, n° 423 489, 9 décembre 1910.

d'agents susceptibles de produire l'intumescence du caoutchouc et, plus spécialement, à l'action gonflante de dissolvants de ce dernier et à les soumettre, pendant qu'elles sont dans cet état, à l'action séparatrice d'un liquide de densité déterminée (solution saline). Le caoutchouc se gonfle en effet très facilement lorsqu'on le met en contact avec certaines substances; si ces substances sont des solvants du caoutchouc, ce dernier peut approcher lentement de l'état liquide à mesure qu'on augmente la proportion de solvant, pour arriver à prendre un état intermédiaire entre l'état solide et l'état liquide. Pour permettre aux agents susceptibles de produire l'intumescence de se diffuser dans la masse du caoutchouc, on les emploie, dans la plupart des cas, à l'état liquide ou à l'état gazeux. L'épuration est généralement conduite entre 15° et 37°. Les corps susceptibles d'être employés sont assez nombreux, nous citerons seulement : les substances gazeuses et liquides de la série de la paraffine, les oléfines, le benzène et ses homologues, le phénol et ses homologues, les huiles essentielles, les huiles fixes des corps gras, les acides gras les plus élevés, certains alcools aldéhydes, éthers et acétones, le chloroforme, l'aniline, l'huile de houille, l'isoprène et ses homologues, la créosote, le sulfure de carbone, le tétrachlorure de carbone, l'anhydride carbonique, le gaz d'éclairage, l'oxyde de carbone, l'hydrogène.

Le caoutchouc possède même une certaine affinité pour ces produits : lorsqu'on mêle à de l'eau une quantité convenable de l'un de ces derniers et qu'on y agite un mélange pulvérisé contenant du caoutchouc, ce dernier absorbe très rapidement une grande partie du produit, se gonfle, et, si l'on arrête, le brassage se rassemble à la surface. Ce procédé est surtout employé pour séparer la gomme de la bagasse obtenue dans le traitement du caoutchouc des lianes, auquel cas on produit un broyage au sein même du liquide séparateur.

Ce sont plutôt les dissolvants dont on se sert pour extraire le caoutchouc vulcanisé des déchets. Malheureusement le choix des solvants n'est pas très grand. Le caoutchouc se dissout facilement lorsqu'il est pur; lorsqu'il est vulcanisé, le nombre de ses solvants est très limité. Par exemple, les hydrocarbures courants : benzène, essence de pétrole, dissolvent bien le caoutchouc naturel, mais ne le dissolvent plus, à la température ordinaire, lorsqu'il est vulcanisé. On est alors obligé, pour obtenir la dissolution, de chauffer ces déchets en présence des solvants. Les déchets sont d'abord triés, puis broyés, puis on les fait bouillir dans l'eau ou une solution saline de façon à les débarrasser des matières terreuses dont ils sont imprégnés. Après séchage on les mélange avec 10 à 30 pour 100 de leur poids de benzol ou d'essence de pétrole ($^1$) et on les chauffe de 3 à 4 heures en autoclave entre 130° et 140°, ce qui les soumet à des pressions variant de 80$^{ks}$ à 100$^{ks}$ par centimètre carré. M. Körner les chauffe avec 5 parties de toluène, de xylène ou de benzène pendant 5 heures à 130° ($^2$) et fait ensuite agir à chaud sur la solution de l'eau ou de la vapeur; après séparation mécanique de la couche aqueuse, le solvant est distillé, il reste la gomme vulcanisée.

Malgré ces traitements, la dissolution de caoutchouc vulcanisé est fort incomplète; on a déterminé, par exemple, que 100 parties d'éther chauffées avec du caoutchouc vulcanisé pendant 3 heures à 120°-130°, n'en dissolvaient que 5 parties, et la benzène 3,5 parties seulement.

En chauffant le mélange avec du sulfure de carbone pendant 7 jours à 78° en autoclave, on obtient, paraît-il, une dissolution complète ($^3$).

La Fabrique Bâloise de produits chimiques a choisi

---

($^1$) Brevet Van Oosterzée, n° 405 678, du 3 août 1909.
($^2$) Brevet français Körner, n° 358 635, du 18 octobre 1905.
($^3$) Brevet Sefton, n° 262 179, du 14 décembre 1896.

comme dissolvants ([1]) des éthers à points d'ébullition supérieure à 100°, et obtient de bonnes dissolutions en chauffant entre 100° et 130°. Les déchets, convenablement nettoyés et séchés, sont chauffés avec le solvant, en autoclave, et constamment agités. Après dissolution, on laisse refroidir complètement. Pour pouvoir filtrer, on dilue, soit avec le même solvant, soit avec un hydrocarbure à point d'ébullition moins élevé. La solution filtrée est ensuite évaporée dans le vide.

Les solvants choisis sont les suivants :

Éther isoamylique (2 parties pour 1 partie de déchets, 3 heures à 120°-130°);

Anisol (mêmes proportions, 2 à 3 heures à 120°);

Éther $\beta$-naphtolique (mêmes proportions, 2 heures à 120°);

Gaïacol (mêmes proportions, 6 heures à 120°-130°).

M. Brimmer ([2]) emploie comme solvant l'huile de ricin afin d'obtenir un produit exempt d'odeur. Il mélange les déchets, convenablement déchiquetés, broyés et coupés, avec leur poids d'huile de ricin et chauffe le mélange à 180°-210° jusqu'à dissolution. Après refroidissement, la masse est versée dans 2$^{vol}$ d'alcool à 90° : l'huile de ricin s'y dissout, tandis que le caoutchouc vulcanisé se précipite. On le recueille et on le lave à l'alcool jusqu'à ce qu'un échantillon posé sur du papier ne produise plus aucune tache grasse. Il est ensuite lavé à l'eau chaude ou avec une lessive de soude faible, puis à l'eau pure, et on le lamine enfin pour le débarrasser de l'eau qu'il a pu retenir.

L'aniline, la toluidine et la xylidine ou les mélanges de ces corps qu'on obtient industriellement par réduction

----

[1] Brevet français n° 387 652, du 28 février 1908, et brevet allemand n° 202 850, gr. 2, du 5 mars 1907.

[2] Brevet français n° 304 758, du 22 octobre 1900.

de la nitrobenzène sont également employées comme solvants du caoutchouc vulcanisé. Elles ont, de plus, l'avantage de pouvoir être facilement éliminées par les acides, car elles forment avec ces derniers des sels très solubles dans l'eau chaude, facilement récupérables et utilisables, en particulier, dans l'industrie des matières colorantes. Les quantités du solvant à employer varient avec la nature des déchets et la proportion de matières étrangères qu'ils renferment, les déchets les moins impurs exigent plus de solvant que ceux qui renferment plus de matières étrangères. La quantité de solvant varie également, suivant qu'on désire ou non séparer les matières minérales après dissolution; dans le premier cas, la filtration exigeant une plus grande fluidité, il est nécessaire d'employer une plus grande quantité de solvant.

A la Deustche Gummi Gesellschaft ([1]), on opère la dissolution entre 140° et 180°. Après refroidissement et filtration, s'il y a lieu, on ajoute de l'acide sulfurique ou de l'acide chlorhydrique jusqu'à neutralisation complète des amines, puis l'on reprend par l'eau bouillante qui dissout les sels formés et laisse le caoutchouc vulcanisé sous forme de masse visqueuse.

On peut également éviter la neutralisation des amines et reprendre la dissolution par le méthylène ou l'alcool méthylique qui précipitent le caoutchouc et dissolvent les amines. Dans l'un et l'autre cas, le caoutchouc est lavé et séché.

Certaines résines dissolvent également à chaud les gommes vulcanisées et peuvent être ensuite éliminées par des solutions alcalines. On mélange intimement, par exemple, 1 partie de déchets, nettoyés et pulvérisés, avec 3 parties de résine de pin ([2]). On chauffe dans un

---

([1]) Brevet français n° 273 901, du 10 janvier 1898.

([2]) Brevet français Rouxeville, n° 375 709, du 21 mai 1907, et brevet allemand n° 200 465, gr. 2, du 3 avril 1906.

récipient de fer pendant 1 heure et demie à 2 heures, à 140°-145°. Après refroidissement, on concasse la masse et on la traite par une solution alcaline concentrée et bouillante de soude, de potasse ou de sulfure de sodium. Le résidu est lavé à l'eau dans le récipient même ou dans des cylindres laveurs.

Les produits de distillation sèche, sous pression réduite, du caoutchouc (vulcanisé ou non), des gommes, des résines ou des produits similiaires sont aussi d'excellents dissolvants des gommes vulcanisées. On peut effectuer la dissolution à chaud ou à froid, à la pression ordinaire ou dans des autoclaves ([1]). Après filtration, on décante pour éliminer les charges et, dans la solution, on précipite la gomme vulcanisée par un moyen quelconque.

*Utilisation des caoutchoucs usagés.* — Les procédés qui viennent d'être indiqués ont pour but l'extraction des déchets de caoutchouc usagé de la gomme vulcanisée qui était restée inaltérée et même, dans une certaine mesure, la dépolymérisation d'une partie de cette gomme transformée peu à peu en des produits dénués d'élasticité. Les caoutchoucs ainsi régénérés sont mélangés dans des proportions variables aux gommes pures et abaissent aussi le prix de revient des caoutchoucs manufacturés tout en ne diminuant pas leur qualité. La proportion de soufre qu'ils renferment encore devient insuffisante dans les mélanges et l'on est obligé d'en ajouter une certaine quantité, afin de produire la vulcanisation.

Certains industriels ne mélangent pas les caoutchoucs régénérés aux gommes pures, ils font subir aux déchets certaines préparations qui ont pour objet de les rendre directement réutilisables. M. Köneman ([2]), par exemple, chauffe les déchets, soigneusement triés et divisés, à 220°,

---

([1]) Brevet Capelle, n° 398 583, du 15 décembre 1908.
([2]) Brevets français n°ˢ 366 805 et 366 806, du 2 juin 1908.

dans une solution renfermant 15 à 20 pour 100 d'acide chlorhydrique et une quantité de chlorure de sodium correspondant au tiers du poids présumé des matières fibreuses et du soufre contenus dans les déchets.

Les fibres sont désagrégées au bout de 5 minutes. Après 30 minutes de chauffage, le caoutchouc se gonfle. Au bout de 45 minutes on sort les déchets, qui ont pris une couleur gris clair et augmenté de volume. On les passe au crible sous un courant d'eau, les fibres désagrégées sont ainsi éliminées. Le produit obtenu manque de liaison et de plasticité; pour lui rendre ces qualités, on le chauffe pendant 30 minutes dans une solution de résinate de sodium ou d'un bororésinate qu'on forme dans la chaudière même, en ajoutant, par exemple, dans une solution de soude à 2 pour 100, 15$^g$ de résine de pin et 15$^g$ de borax par kilogramme de caoutchouc. Le produit est ensuite traité par une solution bouillante d'alun à 0,3 pour 100 qui insolubilise les matières étrangères, on le lave ensuite à l'eau pure et on le sèche.

Sans parler de l'utilisation des déchets qui consiste à les broyer en poudre fine et à les mélanger sans autre préparation aux gommes neuves, nous dirons quelques mots de deux procédés de réutilisation des déchets qui permettent d'obtenir à bon marché des produits de seconde qualité.

M. de Karavodine ([1]) réduit les déchets en très fines parcelles, les mélange intimement à une proportion de soufre comprise entre 1 et 5 pour 100 et les soumet à une compression de 500$^{ks}$ par centimètre carré tout en chauffant entre 150° et 200°. Pour que, pendant la compression, le caoutchouc ne pénètre pas dans le jeu nécessaire au déplacement du piston, on intercale entre le piston et la matière une couche de charbon pulvérisé de 2$^{cm}$ d'épaisseur. La température et la pression sont maintenues de

---

([1]) Brevet français n° 338 945, du 25 juillet 1903.

2 à 20 minutes suivant la qualité des déchets. Cette opération peut être pratiquée dans les moules, et l'on obtient
ainsi directement l'objet manufacturé. M. Gare chauffe
également les déchets pulvérisés à 170°-230° en les mou-
lant ([1]).

M. Gentzsh ([2]) ajoute à la poudre de déchets de petites
quantités de matières ($\frac{1}{4}$ à $\frac{1}{9}$), qui ont pour objet de donner
du liant, telles que les cires, l'ozokérite ou cire minérale,
les goudrons, la poix, l'asphalte, la paraffine, la stéarine
et les graisses oxydées. Pour pulvériser plus facilement
les déchets, il les refroidit au-dessous de o°. Voici quelques-
uns des mélanges qu'il peut faire : 90 parties de poudre
de déchets et 10 parties de colophane ou de caoutchouc
pur; 80 parties de poudre de déchets, 5 parties de résine
de copal, 10 parties d'huile minérale, 5 parties de goudron minéral; 80 parties de poudre de déchets et 5 parties de colophane ou de cire de carnahuba, ou d'ozokérite
ou d'huile de ricin oxydée.

Ces mélanges sont ensuite vulcanisés par simple chauffage, sans nouvelle addition de soufre.

MM. Damkwerth et Kœhler ([3]) ont proposé de distiller
les déchets après les avoir soigneusement débarrassés de
la plus grande partie des matières fibreuses qu'ils peuvent
renfermer. Les liquides qu'on recueille sont séparés en
deux lots : les huiles légères servent à fabriquer des vernis, les huiles lourdes sont mélangées à des huiles végétales et, en particulier, à de l'huile de chanvre, puis vulcanisées par combinaison avec une proportion de soufre
variant de 7 à 20 pour 100, suivant le produit qu'on
veut obtenir.

---

([1]) Brevet américain n° 967 751, du 16 août 1910.
([2]) Brevets français n°ˢ 370 871 et 370 872, du 27 octobre 1906.
([3]) Brevet français n° 125 518, du 9 juillet 1878.

## 2° Procédés ayant pour but l'extraction de la gomme des déchets de caoutchouc vulcanisé.

La régénération proprement dite du caoutchouc, c'est-à-dire la dissociation de la combinaison sulfurée dans laquelle il est entré au moment de sa vulcanisation, n'est pas intégralement possible, au moins actuellement, malgré les efforts des chercheurs qui ont étudié ce problème et le grand nombre de brevets pris sur cette question.

La combinaison du soufre avec le caoutchouc présente, en effet, une stabilité telle qu'aucun agent chimique capable de se combiner au soufre ne peut la détruire sans attaquer la gomme d'une façon plus ou moins profonde.

Étant donné un caoutchouc qui a perdu une partie ou la presque totalité de son élasticité et même de sa cohésion sous des influences diverses, telles que le travail auquel il a été soumis, le temps, la température, le contact de différentes substances, le problème de la régénération revient pratiquement à transformer ce produit désormais inutilisable en un autre qui offre une plus grande plasticité.

Les transformations à lui faire subir consistent, en principe, à le dépolymériser partiellement et à détruire une plus ou moins grande partie de la combinaison sulfurée.

Ces résultats sont généralement obtenus dans une seule opération par l'emploi consécutif de réactifs variés et de la chaleur.

L'action de la chaleur est un facteur important du retour des déchets à un degré de plasticité qui permette leur réutilisation. Les températures les plus convenables pour obtenir ce retour sont comprises entre 150° et 180°; c'est précisément l'intervalle de température nécessaire à la vulcanisation.

Ce sont les différents procédés mis en œuvre ou restés simplement dans le domaine du laboratoire que nous allons désormais étudier.

*Procédés basés sur l'emploi des alcalis.* — Tous les procédés proposés sont précédés d'une élimination aussi complète que possible des fibres textiles auxquelles le caoutchouc vulcanisé est ordinairement intimement mélangé, des particules métalliques, ainsi que de la plus grande partie des matières terreuses qui les imprègnent. On procède donc à un triage des déchets suivant leur qualité apparente; on enlève à la main les parties qui semblent le plus détériorées et l'on soumet ces déchets à des lavages énergiques, soit à l'eau froide, à l'eau bouillante ou au moyen de solutions salines chaudes. Les particules métalliques, qui sont principalement constituées par du fer, sont éliminées au moyen d'aimants.

Les déchets sont alors séchés, puis réduits en menus fragments. L'état de division nécessaire varie avec le procédé employé; mais généralement, on cherche à réduire ces déchets à un état de division aussi grand que possible.

Nous avons parlé, au cours du Chapitre précédent, des différentes méthodes qui avaient été proposées pour séparer, aussi complètement que possible, les fibres textiles du caoutchouc vulcanisé et nous avons montré qu'il était, à ce point de vue, désirable de ne pas employer le simple broyage qui a pour effet de contribuer à mélanger plus intimement ces matières fibreuses aux gommes vulcanisées; nous n'y reviendrons donc pas. Le déchiquetage ou le découpage en menus fragments sont donc généralement préférés.

Les fibres textiles sont, dans certaines usines, éliminées par un traitement acide qui les attaque seules et cela plus ou moins rapidement suivant la concentration de l'acide, la température à laquelle cette opération est effectuée et la durée du contact. Nous rappellerons à ce sujet le procédé Faure (1) qui a été signalé au Chapitre précédent.

Le procédé américain Mitchell est basé sur le même principe.

Les acides employés sont l'acide sulfurique ou un mélange d'acides sulfurique et chlorhydrique. Les solutions de soude sont également employées dans les usines américaines (procédé Marko).

Les déchets, qui ne contiennent plus alors, si l'opération a été bien menée, que du caoutchouc vulcanisé à un degré de polymérisation et d'oxydation plus ou moins élevé, ainsi que les charges minérales qui ont été introduites au moment de la fabrication, sont traités par des solutions bouillantes d'alcalis qui sont généralement des solutions de soude qu'on maintient constamment saturées ou sursaturées de façon que leur point d'ébullition, sous la pression atmosphérique, soit supérieur au point de fusion du soufre : on élimine ainsi, non seulement le soufre libre et le soufre combiné, mais encore la plus grande partie des charges.

Dans la pratique, on effectue ces opérations, soit dans un récipient ouvert pour évacuer librement les gaz sulfureux qui prennent naissance, mais alors il faut ajouter de temps à autre une certaine quantité d'eau de façon à éviter la concentration et à maintenir sensiblement constante la température d'ébullition, soit dans des autoclaves chauffés extérieurement par de la vapeur. Il faut, dans ce dernier cas, évacuer de temps à autre les gaz de façon à maintenir la pression intérieure constante.

Dans le procédé Price, par exemple (2), on chauffe pendant 5 heures, les déchets dans une solution de 210 parties de soude caustique du commerce dans 100 parties d'eau. Cette solution bout à 177° à la pression ordinaire.

On mélange les déchets avec la solution avant de chauf-

---

(1) Brevet, n° 91 665, du 3 avril 1871.
(2) Brevet, n° 343 793, du 8 août 1904.

fer, ou bien l'on introduit dans l'autoclave des couches successives de déchets finement divisés et de solution alcaline.

Il faut environ $1^{kg}$ d'eau et $2^{kg}$ de soude caustique par kilogramme de déchets. Le temps de chauffe doit être augmenté si l'on emploie des solutions moins concentrées ; on doit, par exemple, chauffer 10 heures si l'on emploie des solutions de 150 parties de soude dans 100 parties d'eau ($E = 160°$) et 16 heures lorsque la solution ne contient que 120 parties de soude pour 100 parties d'eau ($E = 149°$).

Lorsque l'ébullition est terminée, on laisse refroidir, on décante, on lave le caoutchouc et on le sèche. La solution sodique peut servir pour d'autres opérations.

Price signale également dans son brevet qu'on pourrait employer un mélange de soude et de chlorure de sodium ou de soude et de certains iodures, chlorures ou hyposulfites, l'objet visé étant principalement d'obtenir un mélange dont le point d'ébullition soit plus élevé que le point de fusion du soufre et compris entre 149° et 177°.

La Société dite *The Moore Architectural and Engineering C°* [1] emploie également une solution de soude, mais elle y ajoute une certaine quantité de sulfate de fer qui se transforme, par conséquent, immédiatement en oxyde de fer hydraté.

Dans $600^l$ d'eau, on dissout $30^{kg}$ de soude caustique et l'on ajoute $500^g$ de sulfate ferreux ; on introduit ensuite $100^{kg}$ de déchets finement divisés et l'on fait agir concurremment la chaleur, la pression et un courant électrique.

Le procédé breveté par M. Alexander [2] est mixte. Il consiste à dissoudre d'abord, au moyen d'un hydrocarbure, le caoutchouc vulcanisé contenu dans les déchets, puis à traiter la solution, sous pression, par des liquides fortement alcalins. La solution, qui était très liquide au

---

[1] Brevet n° 434 727, du 30 septembre 1911.
[2] Brevet français n° 358 018, du 25 septembre 1905.

début, devient gélatineuse. On la soumet à l'action d'un courant de vapeur : le dissolvant est éliminé et l'eau qui se condense dans le récipient forme avec le caoutchouc une solution colloïdale qui peut être, contrairement aux solutions benzéniques ordinaires, facilement filtrée et peut même laisser déposer les matières minérales qu'elle contient. Le caoutchouc est ensuite précipité de cette solution au moyen d'un acide. On chauffe, par exemple, 1000$^{kg}$ de déchets avec 3000$^{kg}$ de benzol, pendant 3 à 4 heures, à 150°, en autoclave, puis on élimine mécaniquement les parties non dissoutes. On introduit alors dans l'autoclave, en agitant, une solution de 200$^{kg}$ de soude dans 350$^l$ d'eau et l'on chauffe pendant 3 heures à la même température. Au bout de ce temps, on fait arriver dans le récipient un courant de vapeur qui entraîne la totalité du benzol. La solution colloïdale aqueuse est filtrée, puis additionnée d'acide chlorhydrique qui précipite le caoutchouc. On recueille ce dernier, on le lave soigneusement et on le sèche.

La Gummi Regeneration-Societät emploie également une solution alcaline ([1]), mais ne se préoccupe pas d'enlever préalablement la plus grande partie des fibres textiles que renferment les déchets.

Le procédé consiste à placer les déchets dans une chaudière doublée de plomb; on les recouvre d'une solution alcaline; on brasse et l'on ajoute une certaine quantité d'acide fluorhydrique. On ferme hermétiquement et l'on fait arriver un courant de vapeur dans la double enveloppe. On chauffe pendant 4 à 6 heures en malaxant de façon à faire monter la pression jusqu'à 8$^{atm}$; on maintient ensuite cette pression pendant 6 autres heures en malaxant toujours.

On laisse alors refroidir et l'on verse le contenu de l'autoclave sur un tamis fin, on lave et l'on sèche.

______

([1]) Brevet français n° 351 816, du 25 février 1905.

Si la proportion de fibres textiles est faible, on peut produire l'acide fluorhydrique dans la chaudière même par addition de spath-fluor, qui donne naissance à cet acide sous l'influence de la température et de la pression. Si la proportion de fibres textiles est très importante par rapport à celle de gomme vulcanisée, il faut ajouter de l'acide fluorhydrique tout formé. Par exemple, si les déchets renferment 10 pour 100 de soufre et 30 pour 100 de fibres, il faut 5 pour 100 d'alcali et 5 pour 100 d'acide fluorhydrique. Si les déchets renferment 1 pour 100 de tissus et 10 pour 100 de soufre, il faut ajouter 5 pour 100 d'alcali et 2 pour 100 d'acide fluorhydrique, ou bien 4 pour 100 d'alcali et 3 pour 100 de spath-fluor.

Signalons enfin le procédé Duwez ([1]) qui consiste à chauffer les déchets bien divisés dans de l'eau tenant en suspension de la chaux récemment calcinée (30 à 40 pour 100 du caoutchouc à traiter). On fait bouillir jusqu'à ce que le liquide ait pris une teinte jaune ou rouge, ce qui se produit au bout de 15 à 20 minutes. On décante, puis on lave le caoutchouc et on le passe entre des cylindres pour lui donner de la cohésion et chasser l'eau qu'il retient.

*Procédés basés sur l'emploi des sulfites et des cyanures.* — Les composés du soufre susceptibles de fixer encore un ou plusieurs atomes de soufre pour former des sels au maximum peuvent être employés à la régénération des gommes. C'est le principe du procédé Theilgaard ([2]). Les sulfites, sulfhydrates et sulfures alcalins peuvent être utilisés. Les déchets, soigneusement triés et débarrassés des parties métalliques qu'ils renferment, sont d'abord ramollis à l'eau chaude, pour séparer les toiles, puis soumis à un lavage énergique, à l'eau froide, dans des tambours,

---

([1]) Brevet français n° 313 793, du 26 août 1907, et brevet français Theilgaard, n° 289 426, du 31 mai 1899.
([2]) Brevet français, n° 289 427, du 31 mai 1899.

ce qui les sépare du sable et de la majeure partie des impuretés minérales. Ils sont ensuite déchiquetés et triturés dans des appareils chauffés, ce qui les transforme en une matière pulvérulente. Après un blutage qui sépare les matières dures, la matière est soumise à l'action de lessives neutres de sulfites alcalins. Les fibres textiles sont ensuite désagrégées au moyen de solutions salines appropriées, puis la masse est envoyée dans des blutoirs recevant des jets de vapeur, le caoutchouc régénéré se rassemble en flocons blancs collants. On les rassemble et on les agglomère par la pression, puis on les sèche à l'étuve. On pétrit enfin la masse pour la rendre homogène.

M. Theilgaard a également fait breveter l'emploi des cyanures et, en particulier, du cyanure de potassium qui absorbe le soufre et donne du sulfocyanure de potassium [1].

*Procédés basés sur l'emploi des métaux et des sels métalliques.* — La plupart des métaux, formant très facilement des sulfures, sont susceptibles, par double décomposition, de s'emparer du soufre entrant dans la molécule de caoutchouc vulcanisé. Il suffit, pour cela, que la quantité de chaleur nécessaire à la formation du sulfure métallique soit plus grande que celle nécessaire à la formation de la combinaison organique. Malheureusement, cette dernière chaleur de formation n'est pas connue, aussi la plupart des métaux ont été essayés dans le but de produire la double décomposition.

Dès 1880, M. Roussel [2] prenait un brevet de principe relatif à la dévulcanisation du caoutchouc au moyen des métaux alcalins et alcalino-ferreux suivants : potassium, sodium, calcium, baryum, strontium et magnésium, et de leurs oxydes et carbonates. Il indiquait seulement que l'opération devait être faite sous pression et à une température variable suivant le degré de sulfuration.

---

[1] Brevet français n° 289 428, du 31 mai 1899.
[2] Brevet français n° 134 567, du 20 janvier 1880.

Le brevet de MM. Michelin et C$^{ie}$ ([1]) est plus explicite. Les déchets, réduits en menus fragments, sont traités en vase clos ou en vase ouvert par un métal, un alliage ou un amalgame en présence d'un dissolvant n'ayant aucune action chimique ni sur le caoutchouc, ni sur le métal.

Les métaux qui conviennent particulièrement sont : le fer, le cuivre, l'étain, le plomb, le zinc, le mercure et leurs alliages entre eux ou avec le sodium, le potassium, l'antimoine, l'argent. Il est important que le métal soit dans un état de division aussi grand que possible.

Par l'emploi, dans ces alliages, de petites quantités de soufre ou de phosphore, il est facile d'obtenir des pulvérisations plus faciles et plus complètes.

Les solvants nécessaires au traitement sont, en particulier : le benzène, le toluène, le xylène, la naphtaline, la créosote, les huiles de pétrole et de schiste, le chloroforme, le sulfure de carbone, le tétrachrorure de carbone, l'éther, l'essence de térébenthine.

Certains métaux ou alliages (exemple : le cuivre et l'alliage étain-plomb) s'emparent du soufre avant 100°; avec d'autres, il est nécessaire de chauffer davantage, mais ce résultat est généralement obtenu entre 115° et 145°.

Pour 100$^{kg}$ de caoutchouc vulcanisé, contenant 5 pour 100 de soufre environ, il faut 35$^{kg}$ à 50$^{kg}$ de toluène et 2$^{kg}$,500 de poudre d'étain, par exemple. L'étain qu'on emploie est obtenu par précipitation de son chlorure au moyen du zinc; on peut encore laminer les déchets en même temps que des feuilles d'étain.

Il est nécessaire de chauffer pendant 8 heures en autoclave, entre 139° et 144°. Après refroidissement, on coule dans un récipient; on laisse déposer et l'on décante.

Autre exemple : 10$^{kg}$ de déchets pulvérisés contenant environ 8 pour 100 de soufre sont additionnés de 35$^{kg}$ d'essence de pétrole dont le point d'ébullition est compris

---

([1]) Brevet français n° 233 031, du 27 septembre 1893.

entre 155° et 200°, et de $2^{kg}$ de fer porphyrisé. On chauffe, en autoclave, pendant 8 heures, à 130°-135°.

Toutes ces opérations sont effectuées à haute température. On a cependant remarqué que la qualité de la gomme est d'autant meilleure que le traitement a été fait à température plus basse. Avec ces procédés, il faut donc choisir entre la production d'une gomme régénérée de qualité inférieure, mais obtenue assez facilement, et celle d'une gomme meilleure, mais dont l'extraction est beaucoup plus longue et, par conséquent, plus onéreuse.

M. Bary a indiqué un très intéressant procédé qui permet d'obtenir un caoutchouc régénéré de bonne qualité [1]. Il consiste, comme les précédents, à faire intervenir, pendant la dissolution des déchets, des poudres métalliques susceptibles de fixer le soufre libéré par la dissociation de la combinaison sulfurée produite au moment de la vulcanisation et même de séparer le soufre de sa combinaison si la température est telle que la dissociation n'existe pas.

L'influence des corps susceptibles de fixer le soufre du caoutchouc vulcanisé se remarque très nettement lorsqu'on emploie comme solvant de ce dernier le xylène (l'un des trois isomères ou un mélange quelconque de ceux-ci). Suivant qu'on opère en présence ou non d'une poudre métallique (de zinc ou de fer), les durées de réaction sont dans le rapport de 1 à '3, la température à laquelle on opère (80°) pouvant être très inférieure à 130°, température nécessaire pour obtenir la dissolution du caoutchouc vulcanisé par le xylène sans intervention de poudres métalliques.

Cette influence est encore plus grande quand le solvant est le tétrachlorure de carbone et qu'on opère à la même température : 80°. Dans ce cas, le caoutchouc vulcanisé se gonfle, absorbe une certaine quantité de solvant, mais

---

[1] Brevet français n° 413 809, du 18 mars 1910.

ne s'y dissout pas, parce que la température à laquelle peut être amené le mélange (sous la pression atmosphérique) est de beaucoup inférieure à celle indiquée pour la dissociation de la combinaison sulfurée. Mais si l'on ajoute au tétrachlorure de carbone de la limaille de fer ou de zinc, il y a dévulcanisation et dissolution de la gomme dans le liquide, malgré la température basse. Ce solvant présente un avantage sur le précédent, sa température d'ébullition étant précisément de 80°.

Voici maintenant comment on opère pratiquement : les déchets sont réduits en poudre et mélangés à 20 fois leur poids de tétrachlorure de carbone. On ajoute ensuite la quantité de fer ou de zinc, en limaille, calculée d'après la quantité de soufre à éliminer, quantité qui a été déterminée préalablement par l'analyse. On chauffe à l'ébullition pendant quelque temps et l'on agite jusqu'à complète dissolution. On laisse ensuite refroidir et l'on décante. La gomme est ensuite extraite de sa solution soit par coagulation au moyen d'un liquide, tel que l'alcool ou l'acétone, dissolvant le tétrachlorure de carbone et non le caoutchouc, soit par un courant de vapeur qui entraîne le solvant, soit par simple évaporation. La gomme est ensuite lavée à l'acétone, puis dans un courant d'eau.

Le tétrachlorure de carbone peut être remplacé par le sulfure de carbone, le benzène ou un solvant quelconque de la gomme naturelle.

M. d'Authier de Rochefort [1] s'est placé à un point de vue légèrement différent. Il prend un alliage de 100 parties d'étain et de 2 parties de bismuth, qu'il maintient en fusion et dans lequel il projette les débris de caoutchouc vulcanisé.

Le point de fusion de cet alliage est assez bas pour ne pas brûler le caoutchouc, mais suffisamment élevé pour que le soufre puisse se combiner aux métaux.

---

[1] Brevet français n° 376 448, du 4 mars 1907.

Il se produit, au bout de quelque temps, un boursouflement par suite d'un dégagement de vapeurs. On enlève de temps en temps les produits qui surnagent. Il est nécessaire de les redissoudre afin d'éliminer par filtration les parcelles métalliques entraînées.

On évapore la solution en récupérant le solvant, et le caoutchouc, abandonné à lui-même pendant 4 ou 5 jours, reprend sa consistance primitive.

M. Bongrand ([1]) utilise l'acétate de plomb pour produire la décomposition du composé sulfuré. Il dissout une partie de déchets convenablement moulus dans 2 à 3 parties de paraffine (cette paraffine peut, d'ailleurs, être remplacée par une huile ou une graisse animale, végétale ou minérale). Il chauffe jusqu'à dissolution complète et en maintenant le mélange entre 130° et 150°; il ajoute une certaine quantité d'acétate de plomb finement pulvérisé en malaxant.

Lorsque la réaction est terminée, et si l'on se propose de régénérer simplement le mélange avec sa charge sans isoler la gomme, on épuise la masse par de l'acétone bouillante qui dissout seulement la paraffine. S'il s'agit d'isoler la gomme, on dissout cette masse dans le benzène ou l'éther de pétrole; on filtre et l'on précipite la gomme par l'acétone à chaud.

L'acétate de plomb a été employé dans d'autres opérations par MM. Chautard, Kessler et Bary.

Le sel de plomb qui semble convenir le mieux est le minium $Pb^3O^4$, c'est en même temps le plus économique.

Le bioxyde de manganèse $MnO^2$, l'oxyde supérieur $Mn^3O^4$, ainsi que le sesquioxyde de fer $Fe^2O^3$ et l'oxyde $Fe^3O^4$, ont été également employés ([2]).

*Procédé basé sur l'emploi de l'hydrogène naissant.* — L'hydrogène naissant produit par la décomposition de

([1]) Brevet français n° 407 146, du 18 septembre 1909.
([2]) Addition au brevet français n° 413 809, du 18 mars 1910.

l'eau par un métal en présence d'un acide, est susceptible de provoquer la désoxydation et la désulfuration des caoutchoucs usagés. En 1891, M. Goness a fait breveter un procédé basé sur ce principe (¹). Il élimine d'abord le soufre libre que les déchets peuvent contenir en les faisant bouillir dans une solution aqueuse d'un carbonate, d'un sulfite ou d'un hydrate alcalins. Les déchets sont ensuite bien lavés et placés dans un récipient avec de l'acide chlorhydrique ou de l'acide sulfurique dilués, puis une certaine quantité de fonte de fer. L'auteur recommande d'opérer dans l'obscurité. Au bout de quelques heures, l'opération est terminée. On enlève le caoutchouc et on le lave pendant 3 à 4 heures dans une solution bouillante d'un alcali caustique; on pousse cette opération jusqu'à ce que les eaux de lavage ne contiennent plus de soufre. Le caoutchouc est ensuite traité par 2 parties de sulfure de carbone à l'état de vapeurs, puis chauffé à la chaleur sèche jusqu'à 120°, ce qui lui donne de la cohésion. Lorsque les déchets à traiter sont très altérés, il est quelquefois nécessaire de recommencer plusieurs fois ces opérations.

*Procédés basés sur l'emploi de différents composés organiques.* — Un grand nombre de composés organiques sont susceptibles de s'unir facilement au soufre et, par conséquent, de remplir, vis-à-vis du caoutchouc vulcanisé, le même rôle que les solutions d'alcalis minéraux et les métaux.

Un nombre assez restreint cependant est utilisé et leur choix a été surtout guidé par des considérations économiques. Ce sont, en particulier : le phénol, l'aniline, certaines amines, les huiles siccatives et certains terpènes qu'on utilise le plus généralement. Nous passerons donc en revue un certain nombre de procédés basés sur l'emploi de ces réactifs.

---

(²) Brevet français n° 214569, du 1ᵉʳ juillet 1891.

*Procédés basés sur l'emploi du phénol.* — Ce fut M. Duprez qui proposa le premier, en 1896 [1], d'utiliser l'action du phénol sur le caoutchouc vulcanisé pour produire la régénération.

Le procédé breveté consiste à introduire les déchets, débarrassés des matières fibreuses et de leurs parties métalliques, broyés, laminés ou déchiquetés, dans un autoclave muni d'un double fond.

Dans ce double fond, on verse une certaine quantité d'hydrocarbure, de densité comprise entre 0,650 et 0,950, un peu d'ammoniaque et du phénol dissous dans de l'alcool méthylique. On ferme l'autoclave et l'on chauffe à 135° de 30 minutes à 2 heures, suivant la nature des déchets leur mode de vulcanisation, la quantité à traiter et l'épaisseur de la matière dans l'autoclave.

Les déchets absorbent d'abord, en se gonflant graduellement de la surface au centre, une certaine partie des hydrocarbures, ce qui facilite l'attaque du composé sulfuré par les vapeurs de phénol. Après refroidissement, on lave la masse au moyen d'un lait de chaux ou d'une solution d'un hypochlorite alcalin. Le produit est alors laminé, puis séché.

Le procédé Chautard et Kessler est basé sur le même principe [2]. Les déchets pulvérisés sont mélangés à un excès de phénol, environ 5 fois leur poids et introduits dans une chaudière en fonte munie d'un malaxeur. Cette chaudière comporte un chauffage à la vapeur, un réfrigérant à reflux et un dispositif permettant d'y entretenir une forte dépression (4$^{cm}$ de mercure environ). De cette façon, on peut produire l'ébullition du mélange à une température inférieure à 100°. Le temps nécessaire à la dissolution complète des déchets varie suivant la quan-

---

[1] Brevet n° 262 520, du 18 décembre 1896.
[2] Brevet français n° 317 293, du 26 décembre 1901, et brevet Kessler n° 313.747, du 23 août 1901.

tité de soufre qu'ils renferment, leur degré d'altération,
la température et la pression. Lorsque la dissolution est
parfaite, on distille, dans les mêmes conditions, 75 pour 100
du phénol. Pendant ces opérations, une partie du soufre
a été éliminée à l'état de sulfure gazeux qui ont été éva-
cués par la pompe, l'autre partie est dans la solution. On
ajoute un excès d'acétate de plomb en poudre fine, puis
on chauffe 3 heures à reflux. La solution est ensuite saturée par de la soude. Le sulfure de plomb est ensuite éliminé par décantation, tandis que le phénate de soude
est dissous dans un excès d'eau. Le caoutchouc est
soumis à un lavage énergique et comprimé entre les
cylindres.

Le procédé Caselmann, breveté antérieurement (¹),
comporte également l'usage de phénol, mais la solution
était chauffée à 150° à la pression ordinaire.

Le procédé Pétersen (²) consiste à introduire les déchets
broyés ou déchiquetés dans une chambre de traitement
renfermant une solution de 10 à 15 pour 100 de soude
caustique chauffée par la vapeur à l'ébullition, pendant
3 heures au maximum, de manière à transformer les matières fibreuses en hydrate de cellulose.

La masse est ensuite essorée par centrifugation. On
l'introduit alors dans un second autoclave avec une solution aqueuse de 1 à 10 pour 100 de phénol; on chauffe
de 148° à 192° et de 6 à 48 heures suivant la nature des
déchets, on lave ensuite et l'on passe la matière au laminoir.

M. Justin Dupont a proposé, en 1907 (³), de remplacer
le phénol par le naphtol. Ce procédé consiste à mélanger
les déchets, préalablement nettoyés et bien divisés, avec
deux fois leur poids de α ou de β-naphtol et à chauffer à

---

(¹) Brevet français n° 289 221, du 26 mai 1899.
(²) Brevet n° 349 112, du 25 novembre 1904.
(³) Brevet n° 343 669, du 14 janvier 1907.

130° pendant 4 à 5 heures en agitant. La charge monte à la surface, il suffit de l'enlever.

On coule sur une surface plane et on laisse refroidir. La matière est ensuite concassée, puis traitée à chaud par le tiers de son poids d'alcool dénaturé. Le naphtol est dissous et entraîne le soufre en solution, tandis que le caoutchouc reste insoluble. On le sépare et on le lave à deux reprises avec une solution alcoolique de naphtol à 50 pour 100, puis par de l'alcool pur. Les deux premiers lavages éliminent le soufre restant et, le dernier, le naphtol en excès. On termine par une ébullition d'une durée de quelques heures dans l'eau.

*Procédés basés sur l'emploi des amines.* — M. Biéron [1] divise le traitement en deux phases. Les déchets, classés préalablement par qualité, sont réduits en poudre et traités dans une chaudière par une solution de soude caustique à 20 pour 100, pendant 1 heure, à l'ébullition, dans le but d'enlever le soufre libre que contient le caoutchouc. On verse la matière sur un tamis, on la lave à l'eau bouillante et on la sèche complètement.

Pour éliminer le soufre combiné, on introduit les déchets, avec de l'aniline, dans une autoclave et l'on chauffe lentement au bain de sable jusqu'à 180°. On maintient cette température pendant 5 minutes seulement et on laisse refroidir.

La masse brune qu'on extrait de la chaudière renferme de l'aniline, du caoutchouc dissous ou émulsionné par l'aniline, de la thioaniline et les charges. On l'introduit dans un bac de bois renfermant une solution aqueuse d'acide sulfurique à 10 pour 100 qui neutralise l'aniline, la gomme pure est coagulée, quelques produits constituant les charges sont dissous. La gomme est laminée dans l'eau tiède et on la sèche dans un courant d'air à 40°. Le sulfate

---

[1] Brevet n° 375 547, du 9 mars 1907.

d'aniline est utilisable dans la fabrication des matières colorantes.

Le traitement à l'aniline présente un inconvénient : l'aniline, en se combinant au soufre, donne une matière colorante noire, soluble à la fois dans l'aniline et le caoutchouc, mais qu'il est impossible d'éliminer complètement. Les caoutchoucs ainsi régénérés présentent donc une teinte noire caractéristique.

Dans le procédé Chodorowsky ([1]), les déchets, réduits en menus fragments, sont chauffés, avec 3 parties d'aniline, en autoclave pendant 3 heures à 150°-200°. La masse refroidie est filtrée, puis on entraîne l'excès d'aniline par de la vapeur d'eau. Le caoutchouc est ensuite précipité par l'addition de deux fois son volume d'alcool dénaturé.

M. Guetry a fait breveter ([2]) un procédé plus général consistant dans l'emploi des amines aromatiques primaires et secondaires telles que : l'aniline, la toluidine, la xylidine et la diphénylamine. La masse est diluée dans six à sept fois son poids de réactif et chauffée à 180°. On peut diminuer la quantité d'amine et employer comme solvant un hydrocarbure aromatique à point d'ébullition élevé, soluble à la fois dans l'alcool et dans le benzène.

La naphtaline et l'anthracène conviennent parfaitement.

On peut prendre, par exemple, 90 parties d'amine pour 15 de déchets ou 80 parties de naphtaline et 30 parties d'amine pour la même quantité de déchets. On chauffe simplement jusqu'à dissolution complète, on laisse refroidir, puis on dissout dans le benzol, on filtre et l'on précipite le caoutchouc par l'alcool.

*Procédés basés sur l'emploi des huiles.* — M. Wunder-

([1]) Brevet n° 409 482, du 28 novembre 1909.
([2]) Brevet n° 380 998, du 25 octobre 1906.

lich [1] a étudié en 1907 le procédé qui consiste à faire agir sur le caoutchouc une huile siccative (huile de lin, de ricin ou de colza) qui a été préparée en la faisant bouillir à l'air libre jusqu'à épaississement, en laissant brûler les éléments volatils qui se dégagent. On ajoute 10 à 20 pour 100 de ce produit aux déchets après triage et coupage en petits morceaux. On ajoute d'autant plus d'huile qu'il y a plus de soufre à éliminer dans les déchets. Le mélange intime est chauffé en autoclave pendant 2 à 3 heures à la pression de $4^{atm}$.

Après refroidissement, on lave énergiquement la masse sur des cylindres, puis on la sèche à la température ordinaire. La séparation du vernis renfermant la totalité du soufre est opérée au moyen d'une solution de soude caustique.

*Procédés basés sur l'emploi des terpènes.* — Le terpinéol, provenant des huiles essentielles ou fabriqué par voie de synthèse, ainsi que les dérivés oxygénés des carbures terpéniques analogues au terpinéol, possèdent un pouvoir dissolvant remarquable sur le caoutchouc vulcanisé ou non. Ils les dissolvent assez lentement à froid, mais rapidement à chaud.

Le procédé Tixier [2] consiste à préparer de cette façon, à basse température, des solutions concentrées de caoutchouc. Les propriétés physiques du caoutchouc ne sont pas ainsi modifiées et les impuretés, telles que les matières minérales constituant les charges et les tissus, peuvent être séparées par filtration. D'autres impuretés peuvent être enlevées en ajoutant de la solution terpénique, du benzène, par exemple, qui précipite ces impuretés en laissant le caoutchouc en dissolution ou, au contraire, en ajoutant des liquides miscibles au terpi-

---

[1] Brevet n° 384 546, du 30 novembre 1907.
[2] Brevet n° 370 619, du 19 octobre 1906.

néol qui précipite le caoutchouc (alcool ou acétone) et retient en solution les impuretés.

Voici, par exemple, une opération de ce genre : on ajoute aux déchets, réduits en pulpe, deux fois leur poids de terpinéol et l'on fait digérer dans un autoclave à 100°-150° jusqu'à dissolution complète.

Après refroidissement, on ajoute $4^{vol}$ de benzène, on agite, on filtre et l'on entraîne le benzène par distillation. Après un nouveau refroidissement, on ajoute, en agitant, une certaine quantité d'acétone qui précipite le caoutchouc. On le décante, on le lave avec de l'acétone pour éliminer tout le terpinéol, puis avec de l'eau chaude, et enfin on le sèche.

M. J. Dupont ([1]) emploie la terpine qu'on obtient en déshydratant l'hydrate de terpine par la chaleur sous pression réduite.

Il mélange les déchets avec deux fois leur poids de terpine et chauffe le tout en autoclave à 190°-200° pendant 12 à 15 heures. La matière est coulée dans l'eau, on l'épuise ensuite à l'eau bouillante pour éliminer la terpine à l'état d'hydrate. On peut ainsi la récupérer.

La matière restante est comprimée afin de la débarrasser de la plus grande partie de l'eau qu'elle retient, puis on l'épuise par du xylène, on filtre la solution et l'on élimine le xylène par distillation.

Le procédé Banchiéri ([2]) est basé sur l'emploi du dihydrate de terpine (terpinol) qu'on fait agir sur les déchets, soit à l'état de vapeur, soit en solution dans tous véhicules susceptibles de le dissoudre et n'ayant aucune action sur le caoutchouc. M. Austerweil ([3]) préconise l'emploi du limonène (terpène tétravalent de la série du terpinène) dans le même ordre d'idées.

---

([1]) Brevet français n° 382 053, du 28 novembre 1906.
([2]) Brevet français n° 407 793, du 11 octobre 1909.
([3]) Brevet américain n° 961 393, du 11 novembre 1908.

M. de Clercq ([1]) traite les déchets, convenablement nettoyés et hachés, par de l'essence de térébenthine, de façon à produire simplement un gonflement du caoutchouc, puis les introduit dans un autoclave et les chauffe pendant quelques heures entre 120° et 140° avec un excès d'essence de térébenthine additionné d'un poids d'un carbure d'hydrogène, tel que la naphtaline, au moins double de celui du soufre à éliminer.

On retire alors le magma dans lequel le soufre, ayant cessé d'être en combinaison avec le caoutchouc, n'empêchera plus celui-ci d'être soluble dans les solvants ordinaires. On traite alors par une grande quantité d'essence de térébenthine, les charges tombent au fond et peuvent être ainsi éliminées. On concentre la solution jusqu'à consistance sirupeuse et l'on ajoute soit de l'alcool, soit de l'acétone, qui précipitent la gomme et dissolvent la naphtaline.

M. Bary pense que si l'on met un dissolvant du caoutchouc en présence du caoutchouc vulcanisé à une température légèrement supérieure à 130°, c'est-à-dire lorsque le composé cyclique qui constitue la gomme est séparé du soufre par dissociation, la gomme peut se dissoudre dans les carbures tant que les produits étrangers qui l'accompagnent restent solubles ([2]).

Il choisit un carbure ou une solution de carbure dont le point d'ébullition sous la pression atmosphérique soit supérieur à 130°. Il est nécessaire que le carbure soit encore liquide à cette température et que, par exemple, son point de fusion soit peu éloigné de la température ordinaire.

Le xylol, le triméthylbenzène et la naphtaline, dont les points d'ébullition sont respectivement 143°, 170° et 218°, conviennent pour cette opération.

---

([1]) Brevet français n° 414 759, du 12 avril 1910.
([2]) Brevet français, n° 415 213, du 6 juillet 1909.

D'autre part, entre $3^{atm},5$ ou $4^{atm}$ et la pression atmosphérique, il y a toute une échelle de pressions qui peuvent convenir pour la dissociation du composé sulfuré, mais l'emploi des carbures, dont le point de fusion est inférieur à $130°$ à la pression ordinaire et qui pourraient bouillir à une température plus élevée sous une pression supérieure à la pression atmosphérique, est cependant suffisant pour empêcher la dissociation de s'effectuer.

D'autres solvants du caoutchouc, tels que le sulfure de carbone, le tétrachlorure de carbone, le chloroforme, l'aniline, la pyridine et le phénol ont été essayés dans le même ordre d'idées, mais les résultats ont été incomplets parce que ces corps, possédant une fonction acide ou basique, agissent, selon l'auteur, sur la molécule du cyclooctadiène méthylé et en modifient la composition.

Le procédé Bary consiste donc à traiter les déchets, finement déchiquetés, par la naphtaline et à chauffer à l'air libre à $150°$-$160°$ jusqu'à dissolution complète. Le soufre libéré doit être fixé avant le refroidissement de la masse.

Dans bien des cas, la charge que renferme le caoutchouc manufacturé serait suffisante pour produire cette fixation, mais il vaut mieux ajouter une certaine quantité d'oxyde métallique ou d'un métal finement divisé, ou encore d'acétate de plomb ou de cuivre. On laisse reposer, les charges et les composés sulfurés métalliques formés se déposent au fond du récipient. Après décantation, on élimine la naphtaline, soit par de la vapeur d'eau, soit par de l'acétone ou de l'alcool qui dissolvent seulement cette dernière en laissant la gomme insoluble.

M. Canoll estime que lorsqu'on chauffe le caoutchouc vulcanisé, soit seul, soit avec un solvant neutre, tel qu'un des hydrocarbures dérivés de la houille ou des pétroles, ce caoutchouc subit une transformation moléculaire qui lui rend un peu de plasticité, mais qu'on ne doit pas attribuer cette transformation à une désulfuration qui serait produite par les métaux ou sels métalliques qu'on ajoute généralement dans ce but. A son avis, le soufre libre est seul fixé de cette façon et la partie du soufre qui est combinée à la gomme ne peut être retirée sans une altération profonde de la molécule de caoutchouc. Son procédé de régénération ne consiste donc qu'à tenter une dépolymérisation sous l'influence de la chaleur seule.

A cet effet, il mélange les déchets à de la vaseline pure ou au produit dénommé généralement *brai de vaseline* qui présente les avantages suivants : il permet de traiter les déchets à température basse (125°), ce qui ne produit pas de décomposition et permet surtout d'éviter la dissolution ; la présence d'une petite quantité de vaseline dans le caoutchouc après son traitement ne fait qu'en améliorer la qualité. Enfin, l'élimination de cette vaseline est facile et économique ; elle se dissout, en toutes proportions, dans les pétroles légers et le solvant peut être facilement éliminé par des corps susceptibles de donner une émulsion avec l'eau, ou par simple évaporation.

*Procédé basé sur l'emploi des acides naphténiques* [1]. — Les acides naphténiques, tels qu'on les extrait des lessives du raffinage des pétroles, peuvent être employés à la régénération. En effet, entre 125° et 150°, ils dissolvent bien le caoutchouc vulcanisé et présentent à ces températures une certaine affinité pour le soufre.

M. Chercheffsky a indiqué, dans le numéro de juillet de 1910 de la *Technique moderne,* un procédé complet de régénération au moyen de ces composés. Les déchets sont passés à la déchiqueteuse, puis on les introduit, en les délayant bien, dans une chaudière en tôle contenant des acides naphténiques. Cette chaudière est pourvue d'un agitateur-racleur, mû mécaniquement, destiné à brasser la masse pendant le chauffage qui s'opère, soit

[1] Brevet allemand n° 218 223, du 22 avril 1908.

par double fond, soit directement au bain de sable. On
obtient ainsi des solutions de caoutchouc à un prix beaucoup moindre que lorsqu'on emploie comme dissolvant
le benzol ou le sulfure de carbone. De plus, le dissolvant
est ininflammable.

Pour régénérer les gommes renfermées dans cette solution, on la coule en mince filet dans une lessive contenant
de 5 à 10 pour 100 de soufre et portée à l'ébullition. La
gomme est précipitée par suite de la combinaison des
acides naphténiques avec la soude et la formation de
naphténates de soude qui ne dissolvent pas le caoutchouc.

La gomme précipitée est lavée dans un pétrin, d'abord
avec une nouvelle lessive de soude étendue et chaude,
puis avec de l'eau. Ce lavage doit être particulièrement
soigné, car toute trace d'acides naphténiques ou de naphténates rendraient la gomme collante. On peut, à cet
effet, le compléter par un lavage à l'alcool.

L'examen du produit ainsi obtenu a montré qu'il
était presque complètement dévulcanisé; additionné de
5 pour 100 de soufre et chauffé à 140° pendant 1 heure
20 minutes, il a fourni un caoutchouc en tous points
comparable à un caoutchouc africain vulcanisé dans
les mêmes conditions.

La seconde partie de l'opération peut être modifiée :
On peut, par exemple, couler la solution naphténique
dans de l'alcool ou de l'acétone qui en précipitent le
caoutchouc. L'alcool et l'acétone peuvent alors être
récupérés par distillation.

On peut encore ajouter de la soude qui neutralise les
acides naphténiques et distille alors l'alcool ou l'acétone.
Ce mode opératoire présente l'avantage, lorsqu'on emploie l'alcool, d'éviter la production de naphténate
d'éthyle dont l'odeur est nauséabonde.

*Procédés basés sur les phénomsène osmotiques.* —
M. Bary, étudiant la façon dont se dissout le caout-

chouc dans le benzène, a constaté que les matières colloïdales entraient en solution d'une manière particulière (1). Le benzène pénètre d'abord par diffusion lente dans le caoutchouc en le gonflant. Ce dernier, étant très élastique, peut augmenter considérablement de volume sans se désagréger; néanmoins, sa limite d'élasticité se trouve atteinte lorsqu'il a pris un certain volume et, à ce moment, le benzène tend à pénétrer dans la masse solide; celle-ci se rompt en morceaux d'abord assez volumineux, puis de plus en plus petits jusqu'à devenir invisibles à l'œil nu : on dit alors que le caoutchouc est dissous.

La désagrégation du caoutchouc ne peut pas, cependant, se poursuivre à l'infini. Lorsque la particule semisolide, en suspension dans le benzène, diminue de diamètre, la tension capillaire à la surface de séparation va en croissant et s'ajoute à la résistance à l'allongement du caoutchouc pour faire équilibre à l'attraction existant entre lui et le benzène, de telle sorte qu'un état d'équilibre s'obtient pour une certaine dimension des particules solides-liquides, lesquelles se diffusent, à leur tour, dans l'excès de benzène.

M. Bary explique de cette façon le gonflement et non la désagrégation qu'on obtient par l'action du pétrole sur le caoutchouc : dans ce cas, la solubilité du caoutchouc est moindre et la résistance à l'allongement du caoutchouc est suffisante pour équilibrer les effets du solvant.

Ce savant en conclut qu'une solution colloïdale est un système plus complexe qu'une solution ordinaire et qu'on peut la considérer comme formée par un liquide tenant en suspension des particules solides-liquides : ce sont de véritables cellules spongieuses dans lesquelles le liquide dissous a pénétré par *osmose* et peut en sortir

---

(1) *Comptes rendus de l'Académie des Sciences*, 1911, p. 1386.

de la même manière si la nature du liquide extérieur varie.

M. Bary a vérifié cette dernière hypothèse de la façon suivante [1] : Il a employé comme membrane une feuille de caoutchouc vulcanisé au chlorure de soufre et a constaté qu'une solution de soufre dans le benzène ou le xylène pouvait être totalement débarrassée de son soufre par *osmose*. Comme les propriétés du caoutchouc rendu insoluble par la vulcanisation ne sont pas les mêmes que celles du caoutchouc pur dans sa solution, il était, en effet, nécessaire de s'assurer par une méthode directe que les particules solides-liquides sont susceptibles d'agir comme des parois perméables.

Au point de vue pratique, la conclusion de ces travaux est la suivante :

Si l'on place dans un vase poreux une solution colloïdale, telle qu'une solution de caoutchouc vulcanisé, dans un véhicule quelconque, et qu'on place ce vase poreux dans le dissolvant pur ayant servi à préparer la solution colloïdale, les matières étrangères au colloïde (soufre, résines, matières grasses), qui sont en solution non colloïdale, traversent les parois du vase poreux par diffusion et l'on arrive ainsi à obtenir une solution qui ne contient presque exclusivement que du caoutchouc.

D'autres matières sont susceptibles de produire le même effet que la membrane de caoutchouc et le vase poreux. M. Debauge signale dans son brevet [2], comme pouvant convenir : l'ébonite en feuilles minces, le papier fort non collé, le parchemin, la vessie de porc, mais, parmi toutes ces matières, le caoutchouc vulcanisé offre la perméabilité la plus grande.

En pratique, la membrane est constituée de deux par-

---

[1] *Comptes rendus de l'Académie des Sciences*, 1911, p. 1766.
[2] Brevet français n° 426 437, du 15 février 1911, et addition n° 157 766, du 13 avril 1912.

ties distinctes : la feuille de caoutchouc doit être maintenue entre deux toiles de coton ou deux toiles métalliques. Cette précaution est indispensable, car le caoutchouc se gonfle sous l'action des hydrocarbures et devient très fragile.

Le collage de ces membranes sur les cadres de bois qui doivent les supporter se fait au moyen d'une colle de gélatine, qui n'est pas attaquée par les hydrocarbures.

UTILISATION DES CAOUTCHOUCS DÉVULCANISÉS. — Les caoutchoucs dévulcanisés sont généralement destinés à être mélangés aux gommes neuves et à subir une nouvelle vulcanisation. Rarement, ces produits pourraient être employés seuls, les traitements qu'ils ont subi les ont plus ou moins désagrégés et l'on ne peut que difficilement leur rendre leur cohésion primitive. En particulier, les procédés qui consistent à dissoudre les déchets, à leur faire subir le traitement nécessaire à l'élimination du soufre, puis à obtenir le caoutchouc par évaporation du solvant donnent des produits qui manquent de *nerf*.

M. Gabet a proposé, pour rendre à ces produits leurs qualités premières, de faire agir sur eux une huile vulcanisée en même temps qu'un hydrocarbure liquide susceptible de les gonfler et de les dissoudre à chaud ([1]). Cette huile et ce carbure sont ajoutés au caoutchouc désulfuré en faibles quantités, mais restent incorporés à ce dernier : l'huile subit la vulcanisation en même temps que le caoutchouc. Voici un exemple de cette préparation : On mélange lentement 100 parties de déchets dévulcanisés avec 40 parties d'huile de lin et 10 parties de pétrole, en malaxant à une température inférieure à 150°. Quand la pâte est homogène, on la passe au filtre-presse et on la laisse refroidir jusqu'à 50°, on incorpore la quantité de soufre

---

([1]) Brevet français n° 423 133, du 29 novembre 1910.

nécessaire (8 à 10 pour 100) et, au besoin, les charges, puis on moule et l'on passe à l'autoclave. La vulcanisation demande un chauffage de 50 minutes à 151°, soit par la vapeur à $5^{atm}$.

### RÉSULTATS PRATIQUES.

Malgré le grand nombre de brevets qui viennent d'être exposés, brevets qui, pour la plupart, sont le résultat de recherches patientes et sérieuses, un très petit nombre de procédés de régénération sont employés industriellement. Il y a loin, en effet, de l'expérience de laboratoire qui donne, sur de petites quantités de matière, de merveilleux rendements, à l'opération industrielle; la loi de similitude n'existe pas en Chimie, lorsqu'on multiplie par un facteur commun toutes les proportions trouvées bonnes pour une opération effectuée sur de faibles quantités de matières, on constate, le plus souvent, que le rendement de la grosse opération n'est plus comparable à celui qui a été obtenu maintes fois au laboratoire. Il y a, en effet, des questions de masses, assez mal définies, qui interviennent et qui déconcertent les chimistes les plus avisés. Il ne faudrait donc pas attribuer à tel procédé élégant, qui semble logique et parfaitement applicable, une valeur que la pratique peut parfaitement lui retirer, et, dans le cas qui nous occupe nous ne considérerons comme vraiment intéressants que les procédés qui ont reçu la sanction de la pratique.

Tout d'abord, constatons que les procédés basés sur l'emploi des alcalis donnent de meilleurs résultats que ceux qui emploient les acides. Ces derniers, en effet, ont sur le caoutchouc, vulcanisé ou non, une action destructrice très nette, c'est une action complexe favorisée par les agents extérieurs (elle est, en effet, à peu près indépendante de la concentration de l'acide), elle se manifeste par une diminution de l'élasticité du caoutchouc. Il est

donc indispensable lorsqu'on emploie le traitement acide
d'éliminer soigneusement toute trace d'acide, sans quoi
le caoutchouc régénéré serait de qualité inférieure; nous
avons vu que les auteurs des procédés en question avaient
compris cette nécessité : la plupart terminent leurs opérations par un traitement alcalin. La présence d'une
petite quantité d'alcali dans le régénéré ne peut, au contraire, qu'avoir une bonne influence sur la qualité de
ce dernier.

Quoi qu'il en soit, c'est le procédé acide qui est le plus
employé. Aux États-Unis, en particulier, on l'emploie
depuis plus de 20 ans, alors qu'en Europe on n'utilisait
que les factices préparés au moyen des huiles pour
abaisser le prix de revient du caoutchouc manufacturé.
A l'heure actuelle, 50 usines font, en Amérique, le traitement des déchets; certaines dépassent une production
journalière de 10 tonnes. Ces usines produisirent, en 1909,
9000 tonnes de régénéré et 17000 tonnes en 1910.

Ce fut seulement en 1900 que la première usine fut
installée en Europe : la Société portait le nom de *North
Western Rubber C°* et exploitait le procédé Marks.
Quelques années plus tard, le procédé par dissolution de
MM. Fraenkel, Rudge et Alexander fut mis en pratique,
puis le procédé Theilgaard (action des sulfites) fut mis
en exploitation à Copenhague par la *Dansk Afvulka-
niserings Aktiesels Kab.*

Depuis une dizaine d'années un certain nombre de
petites usines se sont montées en Allemagne et en Russie,
mais les États-Unis continuent à exporter de grandes
quantités de régénérés.

Les produits obtenus sont, naturellement, de composition assez variable, cela dépend de la qualité des déchets qui ont été soumis au traitement et aussi du procédé
de régénération employé. On peut cependant fixer les
limites entre lesquelles varient les proportions des divers
constituants : l'examen d'un grand nombre de ces pro-

duits a permis de les caractériser de la façon suivante :

Caoutchouc vulcanisé...................... de 36 à 80 pour 100
Matières minérales...:.................... de 36 à 8       »
Matières solubles dans la soude alcoolique.  de 6 à 3       »
Matières solubles dans l'acétone.......... de 22 à 9       »

Ces régénérés, ainsi que nous l'avons dit d'autre part, seraient incapables de remplacer totalement le caoutchouc neuf, mais ils constituent pour ce dernier un adjuvant de premier ordre, à tel point qu'il est impossible de reconnaître si un objet de caoutchouc manufacturé contient ou non du régénéré.

Lorsqu'ils ne sont pas encore mélangés au caoutchouc, dont ils doivent diminuer le prix de revient, il est possible de se rendre compte de leur qualité. M. Alexander estime qu'il faut, pour cela, effectuer les opérations suivantes :

1° Déterminer la quantité de caoutchouc et la quantité de charges qu'ils contiennent ;

2° Déterminer leur coefficient de vulcanisation, c'est-à-dire le rapport entre la quantité de caoutchouc et celle de soufre combiné.

Lorsque le régénéré est entré en mélange, l'étude doit être poursuivie par une détermination des constantes physiques de ce mélange et l'examen des modifications qu'il subit sous l'influence de l'air et de la lumière.

---

## BREVETS RELATIFS A LA RÉGÉNÉRATION DU CAOUTCHOUC.

6 août 1863. — 59 633, Mayall. Séparation du soufre contenu dans le caoutchouc et la gutta-percha vulcanisés.

3 avril 1971. — 91 615. Faure. Régénération du caoutchouc.

16 septembre 1875. — 109 619, Liepmann. Reconstitution et utilisation des déchets de caoutchouc.

9 juillet 1878. — 125 518, Damkwerth et Kœhler. Procédé d'appli-

cation de l'huile de caoutchouc, soit seule, soit en combinaison avec des huiles végétales ou vernis pour remplacer le caoutchouc.

2 octobre 1879. — 132 988, Eschenbach. Procédé destiné à régénérer les déchets de caoutchouc.

20 janvier 1880. — 134 567, Roussel. Régénération de la gomme dans le caoutchouc vulcanisé.

19 novembre 1881. — 145 927, Mitchell. Perfectionnements à la récupération du caoutchouc provenant des déchets de caoutchouc.

1er juillet 1891. — 214 569, Gomess. Procédé de dévulcanisation.

27 septembre 1893. — 233 031, Michelin et Cie, Procédé pour dévulcaniser le caoutchouc.

14 décembre 1896. — 262 179, Sefton. Récupération de caoutchouc vulcanisé.

18 décembre 1896. — 262 520, Duprez. Dévulcanisation des déchets de caoutchouc.

10 janvier 1898. — 273 901, Deutsche Gummi-Gesellschaft. Régénération du caoutchouc vulcanisé.

22 mars 1898. — 276 175, Clark. Dévulcanisation du caoutchouc.

26 mai 1899. — 289 221, Casellmann. Utilisation des déchets de caoutchouc.

31 mai 1899. — 289 426, 289 427, 289 428, Theilgaard. Dévulcanisation du caoutchouc.

22 octobre 1900. — 304 758, Brimmer. Régénération du caoutchouc vulcanisé.

23 août 1901. — 313 747, Kessler. Régénération du vieux caoutchouc vulcanisé.

26 août 1901. — 313 793, Duwez, Dévulcanisation et désulfuration du caoutchouc.

26 décembre 1901. — 317 293, Chautard et Kessler. Régénération du vieux caoutchouc.

11 février 1902. — 318 580, Price. Récupération du caoutchouc des déchets de caoutchouc vulcanisé.

16 octobre 1903. — 338 048, Pontio. Régénération du caoutchouc.

25 juillet 1903. — 338 945, de Karavodine. Régénération du caoutchouc.

8 août 1904. — 345 793, Price. Régénération des déchets de caoutchouc vulcanisé.

29 août 1904. — 345 926, Penther. Séparation du caoutchouc vulcanisé des éléments textiles ou métalliques combinés avec lui.

25 novembre 1904. — 349 112, Petersen. Récupération et régénération du caoutchouc.

25 février 1905. — 351 816, Gummi Regeneration. Societät (System Resenn Steenstrup). Dévulcanisation du caoutchouc.

7 juin 1905. — 355 017, Germain. Dévulcanisation et régénération du caoutchouc.

29 août 1905. — 357 336, Neilson. Régénération des déchets de caoutchouc.

22 août 1905. — 357 765, Ducasble. Régénération du caoutchouc.

25 septembre 1905. — 358 018, Alexander. Fabrication de solutions et régénération du caoutchouc.

18 octobre 1905. — 358 635, Körner. Dévulcanisation du caoutchouc.

12 février 1906. — 363 144, Penther. Séparation du caoutchouc des fibres textiles qui lui sont associées.

2 juin 1906. — 366 805, 366 806, Köneman. Caoutchouc régénéré.

19 octobre 1906. — 370 619, Tixier. Régénération des vieux caoutchoucs.

27 octobre 1906. — 370 871, 370 872, Gentzsh. Régénération du caoutchouc.

9 mars 1907. — 375 547, Biéron. Procédé de régénération du caoutchouc.

21 mai 1907. — 375 709, Rouxeville. Régénération des gommes vulcanisées.

4 mars 1907. — 376 448, d'Authier de Rochefort. Régénération du caoutchouc manufacturé.

4 août 1906. — 378 251, Rouxeville. Régénération, dévulcanisation et agglomération des gommes.

21 mars 1907. — 378 801, Rouxeville. Agglomération et régénération du caoutchouc, de la gutta-percha.

25 octobre 1906. — 380 998, Guerry. Régénération du caoutchouc vulcanisé.

28 novembre 1906. — 382 053, Dupont. Régénération du caoutchouc.

14 janvier 1907. — 383 669, Dupont. Traitement des déchets de caoutchouc industriel.

30 novembre 1907. — 384 546, Wunderlich. Régénération des déchets de caoutchouc vulcanisé.

28 février 1908. — 387 652, Fabrique bâloise de produits chimiques. Régénération du caoutchouc.

3 août 1907. — 390 637, J. Basler et Cⁱᵉ. Procédé de traitement des déchets caoutchouteux en vue de les rendre susceptibles de travail et d'utilisation industriels.

15 décembre 1908. — 398 583, Capelle. Procédé pour la régénération du caoutchouc (vulcanisé ou non) et produits similaires.

28 mai 1909. — 403 446, Clark. Appareil à nettoyer et à dévulcaniser le caoutchouc.

23 juin 1909. — 404 334, Penn. Procédé de régénération du caoutchouc et de la vulcanite usagés.

3 août 1909. — 405 678, Van Oosterzée. Nouveau procédé pour la régénération de vieux caoutchoucs, c'est-à-dire de caoutchoucs usagés.

18 septembre 1909. — 407 146, Bongrand. Procédé de dévulcanisation des déchets de caoutchouc et de régénération de la gomme avec ou sans la charge.

11 octobre 1909. — 407 793, Banchieri. Procédé de dévulcanisation du caoutchouc.

22 novembre 1909. — 409 482, Chodorowski. Procédé de régénération du caoutchouc manufacturé.

18 mars 1910. — 413 809, Bary. Procédé perfectionné de régénération des caoutchoucs vulcanisés.

12 avril 1910. — 414 759, de Clercq. Régénération des déchets de caoutchouc.

6 juillet 1909. — 415 213, Bary. Procédé d'extraction de la gomme naturelle contenue dans les caoutchoucs manufacturés.

29 novembre 1910. — 423 133, Gabet. Procédé de régénération du caoutchouc.

9 décembre 1910. — 423 489, Van der Linde. Procédé de récupération du caoutchouc.

15 février 1911. — 426 457, Debauge. Procédé de purification par l'osmose des caoutchoucs naturels et régénérés et d'autres matières solubles dans les hydrocarbures.

30 septembre 1911. — 434 727, 434 841, Société dite « The Moore Architectural and Engineering C° ». Procédé pour récupérer le caoutchouc des déchets de cette matière.

7 janvier 1911. — 435 809, Carroll. Procédé permettant de transformer le vieux caoutchouc en un régénéré susceptible d'être employé industriellement.

11 octobre 1909. — 437 793, Banchieri. Procédé de dévulcanisation du caoutchouc.

13 avril 1912. — 15 766 (addition au brevet 426 457), Debauge. Procédé de purification par l'osmose des caoutchoucs naturels et régénérés et d'autres matières solubles dans les hydrocarbures.

# CHAPITRE III.

## DÉRÉSINIFICATION DES CAOUTCHOUCS.

———

Lorsque les caoutchoucs bruts renferment de petites quantités de résines, 1 à 4 pour 100, leur qualité n'en souffre pas, mais lorsque le pourcentage de ces résines atteint 6 pour 100, les meilleurs caoutchoucs deviennent inutilisables. Or, les caoutchoucs provenant de Bornéo et des Guinées peuvent en renfermer jusqu'à 40 pour 100, et ceux de Sumatra, de Palembang et de Gélo-Zong peuvent être mélangés à 80 pour 100 de résines, ce qui diminue considérablement leur valeur. Il devient donc nécessaire d'opérer une purification des gommes et cela constitue presque une régénération; c'est à ce titre que nous parlerons ici de cette question.

La résine n'entre dans les caoutchoucs bruts qu'à titre de mélange et, par conséquent, il est relativement facile de l'en séparer par dissolution. Cependant, la réalisation industrielle de ce problème n'est obtenue que depuis quelques années.

On a essayé, par exemple, de dissoudre l'ensemble et d'ajouter à la solution un liquide dissolvant les résines et non le caoutchouc, de façon à précipiter ce dernier; mais, de cette façon, le caoutchouc obtenu manque de *nerf* et retient toujours une plus ou moins grande quantité de dissolvant.

On a essayé également de laminer le mélange en feuilles très minces et de le soumettre à l'action d'un dissolvant des résines, l'alcool méthylique et surtout l'alcool éthylique et l'acétone. Ce procédé donne un caoutchouc de bonne qualité, mais a l'inconvénient d'exiger de grandes quantités de solvants : 1$^l$ d'acétone, par exemple, ne dissout, à 20°, que 40$^g$ de résines. L'acétone semblerait cependant indiquée pour ce genre de traitement. Son prix de revient est élevé, mais elle peut être récupérée à peu de frais, son point d'ébullition étant assez bas.

Dans le but d'employer de moins grandes quantités d'acétone, on a proposé d'humecter la masse de caoutchouc résineux avec un solvant de caoutchouc, ce qui en augmente la perméabilité, puis de la malaxer avec de l'acétone [1] qui dissout seulement la résine.

MM. Dreyfus et C$^{ie}$ [2] traitent le mélange de caoutchouc et de résine par de la pyridine entre 100° et 120° en présence d'un précipitant du caoutchouc, acétone ou alcool, destiné à en empêcher la solution.

Enfin, M. Hanriot a proposé l'emploi d'un mélange d'acétone et d'essence de pétrole.

L'essence de pétrole est à la fois un dissolvant des résines (240° par litre dans une essence de densité 0,65 à 20°) et du caoutchouc; le problème revenait donc à trouver un mélange d'essence et d'acétone, dans lequel l'essence entrerait en grande proportion, mais qui, néanmoins, n'aurait aucune action dissolvante sur le caoutchouc.

M. Hanriot a trouvé que le mélange suivant remplissait parfaitement les conditions exigées :

Essence de densité 0,650............ 4$^{vol}$
Acétone......................... 3$^{vol}$

Ce mélange dissout environ 250$^g$ de résine par litre et n'attaque pas le caoutchouc.

M. Hanriot a cependant constaté, en faisant des essais

---

[1] Brevet américain Flamant, n° 965 098, du 12 juillet 1910.
[2] Brevet américain n° 983 812, du 7 février 1911.

comparatifs de dérésinification au moyen de ce mélange et de l'acétone, que le caoutchouc obtenu par le deuxième procédé était de très bonne qualité, tandis qu'avec le premier il était mou et un peu collant. De plus, l'emploi de l'acétone seule permet de traiter des caoutchoucs non complètement desséchés, tandis que le mélange acétone-essence n'a, dans ce cas, aucune action.

# CHAPITRE IV.

## FACTICES ET SUCCÉDANÉS.

La progression constante des cours du caoutchouc devait naturellement inciter les chercheurs à produire des matières ayant des propriétés voisines de celles du caoutchouc et pouvant, dans certains cas, le remplacer.

Il y a lieu cependant de distinguer les produits, que nous désignerons sous le nom de *factices*, et qui sont susceptibles d'être mélangés au caoutchouc en ne modifiant pas sensiblement ses propriétés et ayant pour seul but de diminuer son prix de revient, et ceux qu'on nomme généralement *succédanés* et qui consistent en des mélanges plus ou moins complexes et dont les propriétés s'éloignent souvent beaucoup de celles du caoutchouc.

Nous examinerons séparément ces deux catégories de matières.

### Factices.

Les factices sont constitués par des produits d'oxydation ou de sulfuration des huiles ; ce sont généralement des matières possédant une certaine élasticité, mais qui sont dénuées de cohésion et ne pourraient, en aucun cas, suffire seules à remplacer le caoutchouc dans ses applications industrielles. Ils servent le plus généralement à diminuer le prix de revient du caoutchouc et peuvent être mélangés à ce dernier dans des proportions variant de 15 à 25 pour 100. Certains factices donnent même au caoutchouc dans lequel ils sont incorporés la propriété de s'oxyder moins facilement sous l'action de l'air.

Ce fut en 1845 que Jonas et Sacc eurent l'idée d'oxyder certaines huiles au moyen d'acide azotique pour obtenir une matière dont ils se servirent pour imperméabiliser des étoffes.

Quelques années plus tard, Rochleder et Nickles, traitant lés huiles par des dérivés chlorés du soufre, obtinrent le premier factice, celui qu'on peut véritablement appeler *caoutchouc des huiles*.

On sait que certaines huiles, dites *siccatives* et dont le type est l'huile de lin, chauffées en présence de l'air, s'oxydent partiellement et donnent naissance à des produits solides doués d'une certaine élasticité. D'autre part, si l'on chauffe une huile avec une certaine quantité de soufre, le phénomène se complique et il se produit une véritable vulcanisation de cette huile.

*Huiles oxydées.* — Ces matières sont généralement obtenues, soit par simple chauffage de l'huile en présence de l'air, soit en présence d'un oxydant qui est généralement l'acide azotique.

- M. Wademeyer fit breveter, en 1908 ([1]), un procédé de préparation de factice au moyen de l'huile de sterculier.

Cette huile est extraite de l'olive de Java. Chauffée à 240°-250° à l'air libre, elle se transforme, au bout de peu de temps, en une matière gommeuse. La réaction est accompagnée d'un grand dégagement de chaleur, à tel point que, si l'on opère sur une grande quantité, on ne peut maîtriser la réaction et, malgré les efforts qu'on fait pour la modérer, la masse s'enflamme souvent spontanément.

L'inventeur a été obligé de combiner un appareil spécial pour pouvoir traiter en une seule fois une quantité importante d'huile. Son appareil consiste en un récipient de

---

([1]) Brevet n° 395 733, du 28 octobre 1908.

forme plate, muni d'un agitateur horizontal. L'huile qu'on verse dedans, sous une épaisseur de 20$^{cm}$ au plus, est chauffée au moyen d'un système tubulaire. Immédiatement au-dessus de l'huile est disposé un système d'arrosage.

On chauffe rapidement jusqu'à 200°, puis plus lentement jusqu'à 250° et, lorsque l'échauffement spontané commence à se produire, on envoie de l'eau froide dans le système tubulaire et, tout en continuant à agiter, on arrose la matière avec de l'eau froide. On arrive, par ce procédé, à limiter la température à 360° environ.

Après refroidissement, on trouve dans le récipient un corps gommeux de couleur claire, ayant une certaine ténacité et une élasticité voisine de celle du caoutchouc. De plus, il se conserve très bien et n'est pas soluble dans les dissolvants habituels du caoutchouc.

En 1898, on a lancé sur le marché allemand un produit nommé *oxyline*, qui était obtenu par l'oxydation de l'huile de lin. On y mêlait, comme substance agglutinante, des déchets de jute ou d'autres matières textiles. Des usines dites *Oxyline Werke* furent établies à Piesteritz pour l'exploitation de ce procédé. Les produits fabriqués servaient à la confection d'enveloppes pour câbles électriques, de tapis et de bâches imperméables.

M. Van der Burg prit, en 1910, un brevet pour un procédé à peu près analogue ([1]).

Il proposait de chauffer un mélange de 100 parties d'huile chinoise ou japonaise dénommée *huile de bois* et de 15 parties d'huile de ricin à 260° pendant 30 minutes environ. L'oxydation se produit très facilement et, au bout de ce temps, la masse est devenue plastique. On laisse refroidir à l'abri de l'air et l'on obtient une substance qui conserve une bonne élasticité jusqu'à près de 200°.

Le produit nommé *perchoïde* est à peu près analogue;

---

([1]) Brevet n° 419 786, du 27 août 1910.

c'est le résultat de l'oxydation d'une huile par l'intermédiaire de la litharge. Pour provoquer cette oxydation, on mélange intimement la litharge à l'huile, on chauffe en agitant constamment et pendant un temps assez long, puis on laisse refroidir complètement. On trempe alors dans la matière encore liquide des étoupes spécialement préparées qu'on expose à l'air pour parfaire l'oxydation. Le produit est ensuite laminé. Il présente une certaine élasticité et, par vulcanisation, on lui communique une ténacité assez considérable.

Le produit dit *textiloïd* (¹) est d'une fabrication plus complexe. Il a pour base le produit obtenu dans la saponification et l'oxydation des huiles, produit que l'auteur appelle *résinoline*. Le procédé consiste à saponifier l'huile par un poids à peu près équivalent de carbonate de plomb qu'on décompose ensuite par un volume égal d'acide azotique à 36° Baumé en remuant continuellement. L'addition de l'acide demande environ 30 minutes et, lorsque l'effervescence est terminée, on décante et l'on sature le liquide par un alcali.

Par refroidissement, le savon présente une couleur caractéristique de l'huile employée. On le décompose par un acide et on le reprend par un dissolvant tel que l'alcool ou l'éther. Ces savons abandonnent, par évaporation, la résinoline qui leur est propre.

Les propriétés de ces résinolines sont analogues à celles des résines naturelles. Mélangées, soit avec la cellulose, soit avec la nitrocellulose, elles constituent le *textiloïd*; c'est un produit très élastique se ramollissant à la chaleur.

MM. Gossel et Sauer (²) émulsionnent 100 parties d'huile de soya (poix de Chine et du Japon) avec 40 parties d'acide azotique d'une densité comprise entre 1,14 et 1,40. Cette

---

(¹) Brevet n° 253 854, de M. Cadoret (2 juin 1896).
(²) Brevet n° 430 183, du 11 avril 1911.

émulsion est chauffée entre 75° et 100°. Après 10 minutes une réaction vive se produit, la température s'élève à 130° et la masse mousse fortement.

On traite alors par 200 parties d'une solution d'ammoniaque à 5 pour 100 jusqu'à ce que le produit rouge qui se forme soit uniformément réparti dans le liquide et que le sous-produit graisseux soit éliminé.

On laisse reposer, on lave à l'eau le dépôt, puis, pour éliminer l'eau, on chauffe la masse à 150° en agitant.

Le produit ainsi obtenu a une élasticité plus grande que celle qui est obtenue avec l'huile de navette par exemple; il présente une plus grande résistance à la rupture et la chaleur lui fait perdre moins rapidement son élasticité.

La *Velvril C° Ltd* préparait, en 1904 [1], un produit souple et élastique en oxydant la nitroricinoléine ou la nitrolinoléine obtenues par la nitration des huiles de ricin ou de lin. Cette oxydation était produite soit à l'air libre, soit par l'intermédiaire de la litharge.

On plaçait l'huile nitrée, bien lavée, dans des récipients chauffés au bain-marie à 130"; l'eau de lavage s'évaporait d'abord et l'on continuait à chauffer pendant 10 heures jusqu'à obtention du produit désiré.

*Huiles vulcanisées.* — Le chlorure de soufre $S^2 Cl^2$ agissant sur les huiles donne naissance à des produits d'addition (chlorosulfures). En effet, la trioléine (éther oléique de la glycérine) qui constitue la majeure partie des huiles (les autres éthers constitutifs sont la tristéarine et la tripalmitine) et dont la formule est

$$CH^2 - C^{18}H^{33}O^2$$
$$CH \ - C^{18}H^{33}O^2$$
$$CH^2 - C^{18}H^{33}O^2 \ .$$

traitée par le chlorure de soufre, donne le composé d'ad-

---

[1] Brevet n° 341 407, du 7 mars 1904.

dition de formule suivante :

$$CH^2 — O^2 Cl H^{33} C^{18} — S — S — C^{18} H^{33} Cl O^2 — CH^2$$
$$CH — O^2 Cl H^{33} C^{18} — S — S — C^{18} H^{33} Cl O^2 — CH$$
$$CH^2 — O^2 Cl H^{33} C^{18} — S — S — C^{18} H^{33} Cl O^2 — CH^2$$

qu'on retrouve dans les huiles traitées par le chlorure de soufre. Il ne devrait donc pas se dégager d'acide chlorhydrique et de composés sulfurés, mais, en réalité, une partie du chlorure de soufre se décompose en présence d'une petite quantité d'eau contenue dans ces huiles et, de plus, des réactions secondaires se produisent.

Lorsqu'on fait agir le soufre seul sur les huiles, ce soufre se fixe sur le groupement CH, le sature et il y a soudure de $2^{mol}$ de trioléine par le soufre. La combinaison revêt alors la forme suivante :

$$O^2 H^{33} C^{18} — CH^2 \qquad CH^2 — C^{18} H^{33} O^2$$
$$O^2 H^{33} C^{18} — CH — S — CH — C^{18} H^{33} O^2$$
$$O^2 H^{33} C^{18} — CH^2 \qquad CH^2 — C^{18} H^{33} O^2$$

Si l'on fait agir, par exemple, 25 parties de chlorure de soufre, exempt de bichlorure, sur 100 parties d'huile de lin, on observe un fort dégagement de chaleur. Au-dessous de 200°, il y a seulement absorption de soufre sans dégagement d'hydrogène sulfuré. Lorsque la réaction est apaisée, si l'on coule le mélange sur une plaque de fer et qu'on l'abandonne à lui-même pendant plusieurs jours, l'excès de chlorure de soufre se décompose sous l'influence de l'humidité en même temps que la réaction se termine.

Après différentes purifications, on obtient un produit transparent, peu coloré, qui résiste assez bien aux influences atmosphériques, ainsi qu'à l'action des acides et des alcalis; mais le produit obtenu est poreux à cause de la décomposition du réactif employé et ne présente d'élasticité qu'à la compression : il ne possède aucune ténacité et serait incapable d'être employé seul pour remplacer le caoutchouc.

Les quantités de chlorure de soufre à faire réagir sur les huiles sont variables suivant la nature de l'huile et le produit qu'on veut obtenir.

Dans le cas de l'huile de lin, par exemple, c'est avec 25 pour 100 de chlorure de soufre qu'on obtient le meilleur résultat. Avec 15 ou 20 pour 100 de chlorure, on obtiendrait un produit plus souple, tandis qu'avec 5 pour 100 seulement, l'huile s'épaissirait, mais ne durcirait pas.

A titre d'exemple, voici les quantités de chlorure de soufre qu'il faut faire agir sur 100 parties d'huile pour obtenir des résultats voisins :

|  |  | Chlorure de soufre. |
|---|---|---|
| Huile de lin............. | 30 pour 100 |
| »     de ricin............ | 20 | » |
| »     d'olive............ | 25 | » |
| »     d'œillette........... | 35 | » |
| »     de navette.......... | 25 | » |
| »     de coton ........... | 45 | » |

Le chlorure de soufre $S^2 Cl^2$ employé doit être, ainsi que nous le disions plus haut, exempt de bichlorure $SCl^4$, dont l'action est trop violente et produit presque toujours une carbonisation partielle de l'huile. Il y a même avantage à employer un chlorure de soufre tenant du soufre en dissolution [(1)].

On verse lentement ce chlorure dans l'huile choisie en évitant une élévation trop brusque de température. Malgré ces précautions, le mélange mousse abondamment, s'échauffe, dégage de l'acide chlorhydrique et de l'acide sulfureux.

Lorsqu'on a versé la totalité du chlorure de soufre, on laisse s'apaiser la réaction et l'on coule le produit en plaques minces, comme il a été dit plus haut.

---

(1) L'existence du chlorure de soufre $S^2 Cl^2$, comme espèce chimique, a souvent été mise en doute par les auteurs. Depuis les travaux de Beckmann, on sait que ce corps existe réellement et forme, d'ailleurs, la majeure partie du chlorure de soufre du commerce.

Le réactif peut être également dilué soit dans du sulfure de carbone, soit dans du benzène; la réaction est alors plus calme, mais le factice obtenu est encore plus poreux, en raison de volatilisation du solvant.

MM. Turcat et Nuth ont préparé un grand nombre de factices par ce procédé (¹); nous donnerons ici un court résumé de leurs travaux en indiquant quelques exemples de préparations.

*Factice d'huile de lin.* — On mélange 10 parties d'huile de lin et 40 parties de toluène, puis on ajoute, en agitant constamment, une solution de 3 parties de chlorure de soufre dans 15 parties de toluène. Il se forme peu à peu une masse gélatineuse transparente, presque incolore, qui, séparée du toluène, devient élastique.

*Factice d'huile de bois de Chine.* — On dissout 10 parties de cette huile dans 30 parties de toluène et l'on ajoute une solution de 3 parties de chlorure de soufre dans 8 parties de toluène. Il se forme rapidement une masse claire gélatineuse. Lorsqu'on élimine le toluène, il reste un produit grumeleux, élastique à la compression, mais présentant peu de cohésion.

*Factice d'huile de pavot.* — 15 parties de cette huile sont dissoutes dans 45 parties de toluène. On y ajoute une solution de 4 parties de chlorure de soufre dans 12 parties de toluène. Après 24 heures, on trouve une masse incolore et gélatineuse. On élimine le toluène et il reste un produit incolore, mou, assez collant, élastique à la compression.

*Factice d'huile de ricin.* — On dissout 25 parties d'huile de ricin dans 75 parties de toluène, puis on ajoute une solution de 6 parties de chlorure de soufre dans 15 parties de

---

(¹) Brevet français n° 435 650, du 30 décembre 1910.

toluène. On obtient une masse compacte presque incolore, élastique à la compression.

*Factice d'huile d'olives.* — On dissout 5 parties de cette huile dans 5 parties de benzène, puis on ajoute une solution de 1 partie de chlorure de soufre dans 1 partie de benzène. La masse gélatineuse formée est incolore; après élimination du solvant, il reste un produit élastique et grumeleux.

*Factice d'huile de foie de morue.* — On dissout 4 parties de cette huile dans 8 parties de toluène et l'on ajoute lentement 1 partie de chlorure de soufre. On laisse reposer jusqu'à obtention d'une masse élastique légèrement gélatineuse. Après élimination du solvant, il reste un produit grumeleux, élastique à la compression, mais présentant peu de cohésion.

*Factice d'huile de lin oxydée.* — On oxyde de l'huile de lin en faisant passer un courant d'air à travers cette huile chauffée à 250° jusqu'à ce qu'elle soit visqueuse. On dissout 15 parties de ce produit dans 40 parties de benzène et l'on ajoute une solution de 3 parties de chlorure de soufre dans 15 parties de benzène. On obtient rapidement une masse solide transparente brun jaune qui se transforme, après élimination du solvant, en un produit brun présentant une bonne élasticité à la compression.

*Factice d'huile de ricin soufrée.* — On chauffe de l'huile de ricin à 180° et l'on y incorpore, en poussant la température jusqu'à 200°, 4 pour 100 de soufre; 15 parties de cette huile sont dissoutes dans 30 parties de benzène, puis on ajoute une solution de 2 parties de chlorure de soufre dans 10 parties de benzène en chauffant légèrement. La masse s'épaissit. Par évaporation, on obtient un produit brun, un peu collant, élastique à la compression, mais présentant peu de cohésion.

M. Day vulcanise l'huile avec un mélange de soufre et du sulfure d'antimoine (¹). Le produit dénommé *kérite*, est préparé de la façon suivante : On mélange 27 parties d'huile de coton, 20 parties de coaltar et 25 parties de bitume dans une chaudière et l'on chauffe à 150°-165°, de 3 à 5 heures ; puis on laisse tomber la température jusqu'aux environs de 100° et l'on ajoute 27 parties d'huile de lin. Après 1 ou 2 heures de chauffe, on introduit par petites quantités à la fois $3^{kg}$ à $4^{kg}$ de soufre et un poids équivalent de sulfure d'antimoine. Pendant cette addition, on chauffe progressivement jusqu'à 150° en agitant constamment ; puis l'on maintient cette température de 3 à 5 heures. Au bout de ce temps, la matière est prête à être coulée.

Le sulfure d'antimoine peut être remplacé par le sulfure d'un des métaux suivants : plomb, fer, cuivre, nickel et cobalt. On peut également remplacer la totalité de soufre par un sulfure métallique.

Pour augmenter la ténacité et l'élasticité du produit obtenu par le procédé qui vient d'être décrit, ainsi que pour le rendre fibreux, on ajoute de petites quantités de certaines matières, telles que le tanin et l'extrait de cachou, lorsque la totalité de l'agent de vulcanisation a été introduite.

On peut, enfin, faire agir sur les huiles du soufre en morceaux ou en poudre. Voici, par exemple, une préparation de factice par ce procédé.

On chauffe de l'huile de colza à 130°-140° tout en faisant passer un courant d'air au travers de la masse.

On élève ensuite la température à 160° et l'on ajoute 25 pour 100 de soufre en fleur en brassant constamment, on porte quelques minutes à 180°, puis on laisse refroidir lentement en agitant toujours.

---

(¹) Brevets français n⁰ˢ 170 226 et 170 227, du 21 juillet 1885, et brevet français n° 121 966, du 7 janvier 1878.

On peut encore chauffer cette huile à 215° et la faire couler rapidement à travers un filtre dans un bac en tôle doublé de bois, contenant des morceaux de soufre (soufre en canons). On agite pendant 45 minutes ; l'huile s'épaissit peu à peu en dissolvant le soufre.

Différentes variantes de ces procédés ont été brevetées ; nous en indiquerons seulement quelques-unes.

M. Mermet ([1]) vulcanise les huiles siccatives (lin, colza, palme, coco) en les cuisant d'abord jusqu'à dessiccation, puis en ajoutant de 1 à 5 pour 100 de soufre, suivant la nature du produit à obtenir.

M. Linyer ([2]) ajoute à l'huile de lin 10 pour 100 de sulfure de carbone et 10 pour 100 de chlorure de soufre, puis chauffe à l'ébullition. Il ajoute ensuite 3vol d'asphalte de la Trinité bien nettoyée et pulvérisée, et opère un malaxage énergique. Puis, il enlève l'écume qui se forme et coule le produit sur une surface plane. Il obtient ainsi un factice qui se mélange parfaitement aux gommes.

M. Bérésine ([3]) emploie l'huile de foie de morue ou l'huile extraite des fleurs dites *soleil*. Il les traite par 25 pour 100 de chlorure de soufre renfermant le plus possible de chlore libre et fait même passer un courant de chlore ; la masse s'échauffe et, quand elle a atteint 115°, il interrompt l'adduction du chlore. Il laisse refroidir et reposer à l'air pendant 10 jours au moins. Il obtient ainsi une matière élastique, inodore, de couleur ambrée.

Le procédé employé par la Société dite *Rubber Substitut Ltd* ([4]) est plus compliqué. Il consiste à dissoudre de la cellulose dans une huile à l'aide d'une solution de chlorure de soufre qu'on ajoute progressivement, ou bien à mélanger la cellulose, après l'avoir soumise à l'action d'un acide

---

([1]) Brevet français n° 156 855, du 6 février 1885.
([2]) Brevet français n° 213 043, du 1er mars 1891.
([3]) Brevet français n° 365 047, du 9 avril 1906.
([4]) Brevet français n° 428 433, du 13 avril 1911.

gras (acide butyrique, par exemple), avec une huile végétale ou animale additionnée d'une gomme-résine et à ajouter au mélange obtenu du chlorure de soufre, dans le but de dissoudre la cellulose. On ajoute enfin un produit destiné à neutraliser les acides.

Exemple de préparation : On trempe du coton dans de l'acide butyrique et on le débarrasse de l'excès d'acide par expression. On introduit, à raison de 1 à 5 pour 100, dans un bain formé d'huile de coton contenant 1 à 5 pour 100 de gomme élémi dissoute. D'autre part, on fait une solution à 20 pour 100 de chlorure de soufre dans une huile lourde de pétrole.

On verse le tiers de la précédente solution dans ce dernier bain. La cellulose se dissous en un laps de temps variant de 6 à 12 heures. On ajoute alors, pour neutraliser, un oxyde métallique ou, plus simplement, du carbonate de calcium; puis on ajoute le reste de la solution de chlorure de soufre. On obtient ainsi une masse homogène qui prend peu à peu de la consistance. Le produit obtenu possède une grande élasticité, mais une résistance très faible à l'extension.]

Lorsqu'on fait agir du protochlorure de soufre sur les huiles, le soufre ne se fixe pas seul sur l'acide oléique que renferment ces dernières, le chlore se combine à l'éther glycérique de l'acide linoléique en donnant des composés assez mal définis. MM. Turcat et Nuth utilisent la présence du chlore dans ces factices pour y combiner différentes amines ([1]). Il en résulte soit des masses visqueuses, soit des masses solides et élastiques, soit encore des matières dures et cassantes suivant la nature de l'huile ou celle de l'amine. Certains de ces composés peuvent être vulcanisés par les procédés ordinaires et donnent alors des matières molles et élastiques qui, à l'encontre des factices

---

[1] Brevets français n° 404 357, du 16 octobre 1909, et n° 435 650, du 30 décembre 1910.

précédemment décrits, possèdent une cohésion remarquable; leurs propriétés physiques sont donc plus voisines de celles du caoutchouc.

D'autre part, ces dérivés, notamment ceux qui sont obtenus au moyen des huiles siccatives, ont tendance à se solidifier davantage (sous l'influence du temps, de la chaleur, des agents oxydants ou d'une autooxydation), ce qui est probablement dû à une polymérisation. Ainsi transformés, ces produits sont élastiques et cassants.

Les produits de condensation des amines sur les factices sont également susceptibles de se polymériser lorsqu'ils ont subi une légère vulcanisation. Il en résulte également des matières ressemblant au caoutchouc ou des produits durs et cassants qui peuvent être à nouveau vulcanisés et donner des produits intéressants.

MM. Turcat et Nuth admettent que le produit de réaction du protochlorure de soufre sur l'éther glycérique de l'acide linoléique est de la forme suivante :

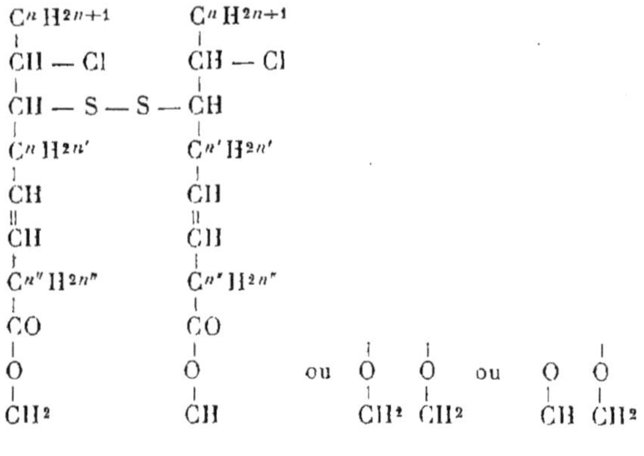

$$
\begin{array}{llll}
C^n H^{2n+1} & C^n H^{2n+1} \\
| & | \\
CH - Cl & CH - Cl \\
| & | \\
CH - S - S - CH \\
| & | \\
C^n H^{2n'} & C^{n'} H^{2n'} \\
| & | \\
CH & CH \\
\| & \| \\
CH & CH \\
| & | \\
C^{n''} H^{2n''} & C^{n''} H^{2n''} \\
| & | \\
CO & CO \\
| & | \\
O & O \quad\text{ou}\quad \overset{|}{O}\ \overset{|}{O} \quad\text{ou}\quad \overset{|}{O}\ \overset{|}{O} \\
| & | \\
CH^2 & CH & CH^2\ CH^2 & CH\ CH^2
\end{array}
$$

formules dans lesquelles $n + n' + n'' = 11$.

On voit donc qu'avec un même factice, on peut produire, par l'action d'une amine, toute une série de composés suivant le nombre d'atomes de chlore remplacés par des résidus d'amines. On peut même, dans une même molécule, introduire des résidus d'amines différentes. Le nombre des composés possibles est donc excessivement étendu.

D'autre part, les liaisons doubles expliquent la facilité avec laquelle ces produits se vulcanisent et se polymérisent.

Les huiles qui peuvent être employées sont, en principe, celles qui renferment des éthers glycériques d'acides gras non saturés. Les huiles de lin, de pavot, de maïs, de coton, de sésame, de colza, d'amandes, d'arachides, d'olives, de ricin, de foie de morue conviennent particulièrement. Les huiles grasses soufrées, oxydées ou polymérisées, en un mot, celles capables d'être attaquées par le protochlorure de soufre, peuvent être également employées. Quant aux amines, toutes celles de la série grasse et de la série aromatique, primaires et secondaires, ou même les substances dégageant facilement des amines, conviennent à ces préparations.

Voici maintenant le principe de la réaction : on fait agir directement l'amine sur le factice en la diluant dans les solvants appropriés. L'addition d'acétate de sodium ou de carbonate de calcium favorise la réaction en absorbant l'acide chlorhydrique qui se forme

$$\overset{|}{\underset{|}{C}}H - Cl + AzH^2 = HCl + \overset{|}{\underset{|}{C}}H - AzH.$$

Les produits obtenus sont solubles dans le benzène, mais non dans l'alcool. On les polymérise en les chauffant simplement à l'étuve ou mieux en les dissolvant et en faisant passer dans la solution un courant d'oxygène ou d'ozone. Pour les vulcaniser, on les traite, de préférence, par une solution de chlorure de soufre.

Exemple d'opération : On mélange 25 parties d'aniline et 10 parties d'un factice d'huile (préparé, par exemple, en faisant réagir 30 parties de chlorure de soufre sur 100 parties d'huile de lin). On chauffe au bain-marie, à

V.                                                           7

125°-135°, en agitant. Quand la dissolution est complète, on chauffe encore 3 heures, puis l'on verse la masse dans 100 parties d'alcool : il se produit un précipité jaune qui se rassemble sous forme d'une huile qu'on décante. On le lave à l'alcool pour enlever l'aniline qu'il retient, puis on le sèche au bain-marie; on obtient alors une matière molle, collante, de couleur brune. Pour le vulcaniser on en chauffe 100 parties avec 15 parties de fleur de soufre, au bain d'huile, à 135°, pendant 2 heures. Après refroidissement, on a une matière solide, homogène, très élastique à la compression et à la traction.

MM. Turcat et Nuth, qui ont étudié ces produits pendant plusieurs années, ont obtenu un certain nombre d'intéressants résultats; nous les résumerons ici :

I. Factice d'huile de lin traité par 15 parties d'ammoniaque à 25 pour 100, donne, après 15 heures en autoclave, à 125°-130°, une matière élastique collante, jaune, soluble dans le toluol;

II. Factice d'huile de lin, traité par 10 parties de carbonate d'ammoniaque et 20 parties d'eau, à 125°-130°, en autoclave, pendant 20 heures, donne une matière élastique assez molle, collante, brun jaune, soluble dans le xylène;

III. Un factice d'huile de lin, traité par 6 parties d'urée et 20 parties d'eau, à 130°-135°, pendant 16 heures, en autoclave, donne un produit élastique, assez solide, brun clair, légèrement collant;

IV. Un factice d'huile de lin, chauffé pendant 10 heures à 135°-140°, avec 5 parties de métaamidophénol et 15 parties de xylène, donne un produit solide élastique, de couleur brune;

V. Un factice d'huile de pavot, chauffé avec son poids de métaloluylènediamine et 4 parties de xylène, pendant 15 heures à 130°-135°, donne une matière élastique à la compression, de couleur brune;

VI. Un factice d'huile d'olives, chauffé pendant 9 heures

à 132°-137°, avec 2 parties d'acide métaaminobenzoïque et 8 parties de xylène, se transforme en une matière plastique et ferme de couleur brune ;

VII. Un factice d'huile de lin oxydée, chauffé avec 3,3 parties d'aniline pendant 15 heures, à 145°-150°, donne un produit élastique possédant une certaine cohésion ;

VIII. Un factice d'huile de ricin soufrée, chauffé pendant 5 heures, à 133°-139°, avec 4 parties d'aniline, donne un produit ferme et assez élastique, de couleur brun clair ;

IX. Un factice d'huile de lin oxydée, chauffé avec 1 partie de protochlorure de soufre et 5 parties de diméthylamine pendant 15 heures, à 145°-155°, donne une matière élastique à la compression, de couleur brune.

### RÉSULTATS PRATIQUES.

Les factices obtenus par l'action du soufre sur les huiles sont généralement faiblement colorés. Certains contenant des proportions plus élevées de soufre sont plus colorés ; on distingue, par exemple, les factices bruns, les factices blonds, les factices verts, les factices flottants.

Les deux premières catégories forment la majeure partie des factices ; les factices bruns sont obtenus au moyen de soufre ; les autres au moyen de chlorure de soufre ; les factices verts sont fabriqués, aux États-Unis, au moyen d'huile de maïs ; les factices flottants sont très peu sulfurés et contiennent de la vaseline ou de la cérésine.

Leurs couleurs et leurs propriétés varient également suivant la nature de l'huile employée. En Allemagne, on emploie plutôt les huiles d'œillette et de navette ; en Angleterre, les huiles de coton ; aux États-Unis, les huiles de maïs.

*Composition centésimale de divers factices au chlorure de soufre*
(d'après le D$^r$ Henriquès).

| Produits obtenus par l'action de S²Cl² sur : | Chlore. | Soufre. | Acides gras. | Eau. | Cendres. |
|---|---|---|---|---|---|
| Huile de lin brute............ | 8,84 | 9,34 | 79,60 | 3,02 | » |
| »    »    épurée........... | 4,85 | 4,78 | 81,67 | 0,85 | » |
| »   de colza commerciale .. | 7,62 | 8,28 | 86,89 | » | » |
| »    »    épurée........ | 5,95 | 6,59 | 87,95 | » | » |
| »   de pavots épurée........ | 7,44 | 7,68 | 74,90 | » | » |
| »   de coton épurée........ | 5,36 | 6,23 | » | » | » |
| »   de castor (avec le minimum de S²Cl²) ...... | 6,70 | 4,82 | 85,35 | » | » |
| »   de castor (avec le maximum de S²Cl²)....... | 8,95 | 10,60 | » | » | » |

*Produits commerciaux.*

| | Chlore. | Soufre. | Acides gras. | Eau. | Cendres. |
|---|---|---|---|---|---|
| Factice blanc n° 1............ | 5,00 | 6,40 | 90,45 | 0,85 | 0,80 |
| »    »    n° 2............ | 5,86 | 6,17 | 73,58 | 1,00 | 5,51 |
| »    »    n° 3............ | 8,88 | 8,25 | » | » | » |
| »   brun n° 1............ | 0,70 | 15,48 | » | » | » |
| »    »    n° 2............ | 0,36 | 17,71 | » | » | » |

*Moyens de déceler le factice dans un caoutchouc manufacturé.*

Les factices contiennent des matières résineuses qui sont solubles dans une solution alcoolique de soude. Si l'on trouve, en traitant le caoutchouc manufacturé par une telle solution, à l'ébullition, une perte de poids supérieure à 1,5 pour 100, c'est que ce caoutchouc renferme du factice.

D'autre part, si l'on trouve dans le caoutchouc une quantité notable de chlore, c'est qu'il a été additionné de factice blond. Si l'on traite une certaine quantité de ce caoutchouc par de la soude alcoolique et qu'on dose le soufre contenu dans les acides gras isolés de l'extrait, on peut déterminer la quantité de factice brun qui a été introduite.

*Naphténates d'aluminium.* — M. Chercheffsky a étudié particulièrement ces composés et a préconisé leur emploi comme factices [1].

On les prépare en faisant agir une solution aqueuse d'un naphténate alcalin sur une solution aqueuse d'un sel d'aluminium (sulfate d'alumine ou alun). Le précipité obtenu a la consistance d'un mastic. On le lave et le sèche à 100°-110°. Si l'on élève la température à 150°-160°, il y a, en même temps qu'une évaporation d'eau, élimination d'une partie des hydrocarbures enrobés dans les naphténates précipités et provenant des impuretés des acides naphténiques employés.

M. Chercheffsky a préparé deux factices intéressants à l'aide de ces produits :

1° En incorporant dans 100 parties de naphténate d'aluminium fondu 10 parties d'huile de colza ;

2° En incorporant dans 100 parties de naphténate d'aluminium 10 parties de glycérides naphténiques.

Ces factices se mélangent très intimement aux gommes naturelles et supportent parfaitement les charges minérales habituelles. Les mélanges se font aux cylindres entre 35° et 40°, et la vulcanisation se pratique par les procédés habituels.

A titre d'indication, le procédé de vulcanisation suivant a paru convenable :

$$\text{Factice n° 2} \ldots\ldots\ldots\ldots\ldots\ldots \quad N$$
$$\text{Gomme} \ldots\ldots\ldots\ldots\ldots\ldots\ldots \quad n$$
$$\text{Soufre} \ldots\ldots \ldots\ldots\ldots\ldots\ldots \quad \frac{N+n}{10}$$
$$\text{Chaux} \ldots\ldots\ldots\ldots\ldots\ldots\ldots \quad \frac{N+n}{100}$$

Pour $n = 100$, N peut varier, suivant les besoins, de

---

[1] *Technique moderne*, 1910, p. 443, et brevet allemand déposé sous le n° 16 705, en avril 1908.

o à 100. Ce mélange est cuit 1 heure 30 minutes sous $3^{kg}$ de pression ou 50 minutes sous $4^{kg}$.

M. Chercheffsky signale également que, grâce aux propriétés dissolvantes et vulcanisantes des acides naphténiques et de leurs glycérides pour les caoutchoucs vulcanisés, on pourrait, en employant le factice n° 2, remplacer les gommes vierges, partiellement ou totalement, par des déchets finement divisés.

Cet éminent chimiste signale enfin qu'on peut obtenir des factices similaires en partant des sels aluminiques des dérivés (chlorés, etc.) des acides naphténiques. Le type suivant de factice a été essayé au dynamomètre, comparativement à un factice d'huile vulcanisée :

$$
\begin{array}{lr}
\text{Naphténates d'aluminium} & 100 \\
\text{Colophane} & 20 \\
\text{Acides naphténiques} & 10
\end{array}
$$

Avec ce factice, ainsi qu'avec une huile vulcanisée, on a préparé deux mélanges :

$$
\begin{array}{lr}
\text{Factice} & 34 \\
\text{Gomme} & 166 \\
\text{Soufre} & 20
\end{array}
$$

qu'on a vulcanisés par un chauffage à 140° pendant 1 heure.

Le Tableau ci-dessous résume les observations dynamométriques :

| Allongements. | Charges supportées par | |
|---|---|---|
| | le factice Chercheffsky. | un factice d'huile vulcanisée. |
| pour 100 | | |
| 100 | 0,1164 | 0,0694 |
| 200 | 0,1500 | 0,1031 |
| 300 | 0,2070 | 0,1600 |
| 400 | 0,3010 | 0,2421 |
| 500 | 0,3620 | 0,2631 |

## Succédanés.

Nous examinerons maintenant quelques matières dont la composition s'éloigne de plus en plus de celle du caoutchouc, mais dont les propriétés permettent de les substituer à ce dernier pour certaines applications spéciales.

*Gélatines insolubilisées.* — Lorsqu'on additionne une solution de gélatine dans l'eau d'une certaine quantité de bichromate tel que le bichromate de potassium et qu'on laisse sécher cette solution en présence de la lumière, la gélatine devient insoluble dans l'eau et prend une certaine élasticité.

Malheureusement, cette nouvelle matière présente peu de résistance à la traction et peu de ténacité. De plus, elle se modifie avec le temps, se durcit et devient cassante.

Cependant, un certain nombre de brevets ont été pris au sujet de la fabrication de cette matière et ces derniers ont reçu quelques applications comme succédané du caoutchouc.

Lorsqu'on doit fabriquer, avec cette matière, des objets moulés, une difficulté se présente. La masse doit contenir, en effet, aussi peu d'eau que possible au moment de la coulée; mais, d'autre part, aussitôt après l'addition de bichromate à la masse gélatineuse ([1]), il se produit un commencement de durcissement qui l'empêche de couler en filets minces. Pour parer à cet inconvénient, M. Neufeld ([2]) mélange à la masse composée de la gélatine, de la glycérine et de la quantité nécessaire de bichromate de potassium une certaine quantité de fibres végétales parcheminées et de gomme de résine ou de silicate de potas-

---

([1]) Brevet américain Nilson n° 964 304, du 13 septembre 1909.
([2]) Brevet français n° 390 183, du 13 mai 1908.

sium. Il obtient ainsi une plus grande fluidité du mélange au moment du coulage.

M. Roland [1] emploie, pour l'insolubilisation de la gélatine, un mélange de bichromates. Il met, par exemple, dans l'eau froide, 8$^{kg}$ de colle forte et 6$^{kg}$ de gélatine; puis il ajoute 15$^{kg}$ de glycérine à 28° Baumé. Le mélange chaud est additionné d'une solution de 560$^g$ de bichromate de potassium et 140$^g$ de bichromate de sodium dans 1200$^g$ d'eau. Il suffit de laisser refroidir, lorsque le mélange est parfait, pour obtenir une masse plastique.

M. Inrig [2] a essayé de donner à la gélatine insolubilisée une plus grande résistance à l'action des agents atmosphériques qui ont pour effet de la rendre cassante au bout de peu de temps. En essayant d'introduire une proportion moindre de bichromate dans la gélatine fondue, on n'obtient pas le résultat désiré. Les laques produiraient probablement le résultat cherché, mais elles ne se mélangent pas aux tissus animaux.

M. Inrig propose donc l'emploi des huiles. Il introduit dans une chaudière 100 parties de cartilages, les lave aussi bien que possible avec une solution alcaline, puis les malaxe avec 20 à 60 pour 100 d'une huile d'origine animale ou végétale aux environs de 100°. La quantité d'huile à ajouter dépend de la densité qu'on veut atteindre.

Après un malaxage de 1 heure, on ajoute 1 pour 100 de stannate de sodium et 1 pour 100 de bichromate de potassium. On chauffe à 100° pendant 5 minutes; la masse s'épaissit et peut être moulée.

MM. Haug et Hauffmann ont indiqué, dès 1884 [3], un procédé d'application de ce produit sur les étoffes dans le but de les imperméabiliser. Il mélangeait 3 parties de gélatine et 3 parties de glycérine, les dissolvait dans l'eau,

---

[1] Brevet français n° 364 075, du 13 mars 1906.
[2] Brevet français n° 389 315, du 17 avril 1908.
[3] Brevet français n° 162 167, du 16 mai 1884.

puis ajoutait $\frac{1}{7}$ de partie de bichromate de potassium. Quelques minutes après, il introduisait $\frac{1}{7}$ de partie de fiel de bœuf et délayait le tout dans l'eau jusqu'à obtenir la consistance d'une huile épaisse.

Le mélange était alors introduit dans un réservoir chauffé extérieurement par la vapeur et renfermant un système de rouleaux qui permettait à l'étoffe de plonger dans le bain et de s'imprégner de la solution.

Le formol a été également employé par quelques industriels pour insolubiliser la gélatine, les tanins ont été employés par certains autres, soit seuls, soit en combinaison avec des composés d'aluminium soluble.

Le composé d'aluminium à ajouter à la matière à traiter est généralement employé tel que, sans addition d'acétate de plomb. Le composé peut être ajouté avant les agents précipitants ou en même temps.

Un mélange de 100 parties d'aluminium, de 2 parties d'un sel d'aluminium soluble et de 4 parties de formol donne un mélange doué d'une certaine élasticité [1].

M. Sauton insolubilise la gélatine en y incorporant des substances susceptibles de dégager du trioxyméthylène et des agents oxydants pulvérulents tels que des peroxydes [2]. L'acide formique et l'acide oxalique sont également employés, seuls ou avec addition de matières tannantes, pour insolubiliser la gélatine [3].

La Société dite *Gaamlooze Vennootschap Allgemene Uitvinding Exploitatie Maatschappy* vulcanise le produit d'insolubilisation de la gélatine [4]. Les matières animales renfermant de la gélatine sont cuites dans l'eau, puis traitées par un acide tel que l'acide acétique ou l'acide lactique. Les corps albumineux étant séparés par précipi-

---

[1] Brevet français n° 415 542, du 2 mars 1910.
[2] Brevet allemand n° 200 932, gr. 8, du 9 septembre 1906.
[3] Brevet autrichien de M. Aichelburg, n° 6 965, cl. 6, du 7 novembre 1907.
[4] Brevet français n° 416 644, du 22 octobre 1910.

tation, on filtre après neutralisation, puis on évapore le liquide restant.

On le traite alors par du formol et l'on vulcanise, après séchage, par une addition de 5 pour 100 de soufre. Avant la vulcanisation, le produit obtenu peut être dissous dans de l'acide formique et être employé avec des morceaux de la matière obtenue par ce procédé. Enfin, ce produit peut être, en proportions quelconques, mélangé au caoutchouc brut et subir en même temps que lui la vulcanisation.

Des procédés plus compliqués ont été basés sur l'action insolubilisatrice de cette matière sur la gélatine; nous ne citerons, pour mémoire, que le procédé Desouches, Riasse et Duron. On chauffe du liège en poudre avec un hydrocarbure de la série grasse, tel que des huiles lourdes de pétrole ou de houille, à 130° en vase clos. On comprime ensuite la matière et on la conserve à l'abri de l'humidité.

D'autre part, on introduit dans un récipient chauffé un mélange de 50 parties de gélatine et 50 parties de glycérine. On malaxe et l'on ajoute 10 à 30 pour 100 du liège préparé ainsi qu'il vient d'être dit; puis 2 à 5 pour 100 d'un produit insolubilisateur tel que le formol, le bichromate de potassium ou le trioxyméthylène. Le mélange peut être moulé peu de temps après. Ce dernier peut être, d'après les auteurs, mélangé au caoutchouc brut et vulcanisé en même temps que lui.

M. Lesage a employé l'acide picrique comme agent insolubilisateur de la gélatine ([1]).

Enfin, signalons le procédé Luzerna di Rora qui consiste à dissoudre 48ᵍ de gélatine dans 352ᵍ d'eau chaude, puis à ajouter une solution de 28ᵍ de tanin dans 372ᵍ d'eau chaude. Le précipité brun foncé qui se forme est recueilli et dissous dans de l'huile de ricin. On ajoute alors un volume égal d'éther sulfurique, puis $\frac{1}{10}$ de fulmicoton et l'on soumet le tout à l'action simultanée

---

([1]) Brevet français n° 331 830, du 15 avril 1905.

d'un courant d'acide carbonique et d'acétylène, pendant 15 minutes. Puis l'on chauffe pour séparer l'éther.

L'auteur obtient, paraît-il, de cette façon, un produit doué d'une élasticité remarquable.

### DÉRIVÉS DES NITROCELLULOSES.

Un inventeur anglais, Crane, prépara, en 1891 ([1]), des matières assez élastiques en dissolvant de la nitrocellulose dans des matières grasses sulfurées. Nobel a repris cette idée, mais en cherchant des solvants susceptibles de donner de meilleurs résultats. Il a ainsi obtenu des oxynitrocelluloses et des hydronitrocelluloses qu'il a appelées *global nitrocellulose*, qui possèdent des propriétés élastiques précieuses ([2]).

Les solvants doivent satisfaire aux conditions suivantes:

*a.* Ils doivent pouvoir dissoudre complètement la nitrocellulose sans qu'il puisse se produire, dans les intervalles de températures ordinaires, aucune séparation du solvant ni variations dans la plasticité du produit obtenu;

*b.* Ils doivent permettre d'obtenir des produits qui ne doivent pas être altérés par l'eau;

*c.* Ils doivent être assez peu combustibles, afin que le produit obtenu ne soit ni explosible, ni combustible à un degré qui en rendrait l'emploi dangereux;

*d.* Ils doivent être peu volatils et posséder une stabilité chimique suffisante pour qu'une décomposition spontanée ne puisse avoir lieu.

Nobel, a, en conséquence, fixé son choix sur les corps suivants : dérivés chlorés et bromés du camphre, dérivés chloronitrés et bromonitrés du camphre, nitrocamphre, nitrocymène, nitrotoluènes, di et trinitrobenzènes, nitro-

---

([1]) Brevet anglais n° 3345, de 1891.
([2]) Brevet français n° 235 829, du 26 juin 1894.

naphtalines, nitraniline, nitronaphtols et dérivés chlorés, et bromés de ces corps, chloro et bromonitrobenzol, huiles de résines nitrées, éthers méthyliques, propyliques, butyliques et amyliques obtenus avec les acides oxalique, lactique, benzoïque, tartrique, salicylique et phtalique.

Parmi ces corps, ce sont les dérivés chlorés et bromés qui atténuent le plus la combustibilité de la nitrocellulose.

La nitrocellulose peut être dissoute dans ces solvants soit à l'état humide, soit à l'état sec. Dans le premier cas, l'incorporation se fait par simple malaxage. Dans le second cas, il faut ajouter des dissolvants volatils tels que l'acétone, l'éther, l'alcool méthylique.

Dans les deux cas, la matière est travaillée soit dans un malaxeur mécanique chauffé à la vapeur, soit dans un laminoir également chauffé.

Exemple de préparation : On fait un mélange de 5 parties de nitrocumène et de 3 parties de mononitronaphtaline; on y dissout 15 à 30 pour 100 de nitrocellulose. On obtient, après le travail, une matière très élastique qui ressemble beaucoup au caoutchouc et qui peut être soudée à elle-même soit par la chaleur soit au moyen de solvants. Si l'on ajoute une proportion de nitrocellulose comprise entre 30 et 40 pour 100, la matière obtenue ressemble plutôt à la gutta-percha. Si l'on augmente encore cette proportion, on obtient des produits ayant l'apparence du cuir.

*Produits élastiques préparés au moyen de matières amylacées.* — Si l'on ajoute à une matière amylacée, tel que de l'amidon ou de la fécule, une solution d'un chlorure métallique, les cellules sont désagrégées et l'on obtient très facilement une matière élastique. M. Tolkien [1] prépare, par exemple, un mélange de 200 parties d'une solution de chlorure de calcium à 37° Baumé et de 55 par-

_______________

[1] Brevet français n° 325 505, du 20 octobre 1903.

ties d'une solution de chlorure de zinc à 49° Baumé; puis il ajoute 20 parties de glycérine et, peu à peu, 250 parties de fécule de pommes de terre, en mélangeant convenablement. La matière est moulée sous pression et se solidifie peu à peu.

MM. Puntschart et Alscheck ([1]) emploient le chlorure de magnésium; ils ajoutent peu à peu 150 parties d'amidon en poudre dans une solution de 100 parties de chlorure de magnésium dans 50 parties d'eau, puis chauffent au bain-marie jusqu'à obtenir la désagrégation des cellules.

M. Tolkien ([2]) a également indiqué une préparation de même nature, mais un peu plus complexe; il ajoute à la matière amylacée une solution de nitrate de calcium et une certaine proportion de formol et de glycérine. Il mélange ces matières pendant 5 minutes et abandonne la masse à elle-même jusqu'à ce qu'elle fasse prise.

Enfin, M. Chaudeysson ([3]) a fait breveter une préparation encore plus complexe. Il imbibe de formol une certaine quantité d'amidon, de manière à former une pâte; puis il ajoute de la potasse finement pulvérisée. D'autre part, il chauffe de l'huile de lin avec un peu d'acide nitrique; lorsque l'huile commence à s'épaissir, il l'ajoute au mélange précédent et, en agitant, il incorpore une petite quantité d'une gomme-résine. Ce produit, bien mélangé, est ensuite moulé.

---

## BREVETS RELATIFS AUX FACTICES ET AUX SUCCÉDANÉS DU CAOUTCHOUC.

2 novembre 1864. — **64 994**, Magnin, Keyen, Enout et Richard. Caoutchouc factice.

---

([1]) Brevet français n° 405 741, du 22 juillet 1909.
([2]) Brevet français n° 429 507, du 8 mai 1911.
([3]) Brevet français n° 430 881, du 7 juin 1891.

25 novembre 1867. — 78 657, Day. Composition destinée à remplacer
le caoutchouc.

31 juillet 1873. — 100 024, Morellet. Faux caoutchouc composé
d'huile de goudron, de bitume et de soufre cuits ensemble.

7 janvier 1878. — 121 966, Day. Perfectionnements aux composés
de kérite, destinés à être employés comme succédanés au caoutchouc ou conjointement avec celui-ci.

9 juillet 1878. — 125 518, Damkwerth et Kœhler. Procédé d'application de l'huile de caoutchouc, soit seule, soit en combinaison
avec des huiles végétales ou vernis, pour remplacer le caoutchouc
naturel.

21 juillet 1879. — 131 837, Damkwerth et Sanders. Composition
du caoutchouc artificiel.

11 avril 1883. — 154 798, Société Boca-Wulveryck. Procédé de
préparation d'un caoutchouc artificiel.

16 mai 1884. — 162 167, Haug et Hoffmann. Composition destinée
à remplacer le caoutchouc.

6 février 1885. — 166 855, Mermet. Produit remplaçant le caoutchouc.

21 juillet 1885. — 170 226 et 170 227, Day. Perfectionnements au
composé vulcanisé dit *kérite* et ses procédés de fabrication.

8 octobre 1889. — 201 169 à 201 173, Kiel. Procédé pour fabriquer
des composés plastiques vulcanisés.

15 novembre 1890. — 209 536, Christy et Gourdiat. Substitut du
caoutchouc.

11 mars 1891. — 212 043, Linyer. Substance destinée à remplacer
le caoutchouc.

5 juin 1891. — 213 929, Worms et Zwierzchowske. Composition
artificielle du caoutchouc.

26 juin 1894. — 235 829, Nobel. Substance remplaçant le caoutchouc.

10 avril 1894. — 237 661, Le Brocquoy. Compositions remplaçant
le caoutchouc.

6 octobre 1894. — 241 860, Schmid. Succédané du caoutchouc.

25 juillet 1895. — 249 158, de Hulster. Produits remplaçant le
caoutchouc.

2 juin 1896. — 256 854, Cadoret. Matière plastique incombustible
remplaçant le caoutchouc.

23 juillet 1896. — 258 316, Le Brocquoy. Produit remplaçant le
caoutchouc.

12 mai 1897. — 266 858, Fenton. Perfectionnements aux procédés
de fabrication du caoutchouc artificiel.

24 septembre 1897 — 270 727, Kasten et Matthew. Caoutchouc
artificiel.

2 décembre 1897. — 272 737, Frœlich et Sœn. Masse plastique.

5 mai 1898. — 277 638, Deborde. Fabrication du caoutchouc artificiel.

29 juillet 1898. — 280 161, Verberckmöes. Fabrication d'un caoutchouc artificiel.

20 avril 1900. — 299 491, Prampolini. Matière élastique.

2 octobre 1900. — 304 208, Resén-Steenstrup. Succédané du caoutchouc.

16 octobre 1900. — 304 580, Zühl. Succédané du caoutchouc.

3 avril 1901. — 309 633, Paulitschky et Wüste. Produit remplaçant le caoutchouc.

26 septembre 1903. — 335 584, Fayolle. Substance analogue au caoutchouc.

17 mars 1904. — 341 407, Velvril C° Ltd. Matières pouvant être substituées au caoutchouc.

18 novembre 1904. — 347 943, Bouet. Caoutchouc artificiel.

15 avril 1905. — 351 830, Lesage. Caoutchouc artificiel.

13 mars 1906. — 364 075, Roland. Matière élastique analogue au caoutchouc.

9 avril 1906. — 365 047, Beresine. Caoutchouc artificiel.

31 janvier 1906. — 366 191, Luzerna di Rora. Production synthétique du caoutchouc.

30 janvier 1907. — 374 468, Bronlow. Caoutchouc artificiel.

10 août 1906. — 378 465, Sauton. Substance plastique susceptible d'être substituée au caoutchouc.

4 juillet 1907. — 379 526, Ohm. Fabrication du caoutchouc artificiel.

22 février 1907. — 383 019, Sauton. Fabrication d'une matière élastique analogue au caoutchouc.

21 décembre 1907. — 385 459. Libs. Procédé de fabrication d'une matière élastique.

7 mars 1908. — 387 912, Patay et Cⁱᵉ. Caoutchouc artificiel.

17 avril 1908. — 389 315, Inrig. Succédané du caoutchouc.

13 mai 1908. — 390 183, Neufeld. Fabrication de masses élastiques à base de gélatine chromée pouvant remplacer le caoutchouc ou autres matières analogues.

20 octobre 1908. — 395 505, Tolkien. Composition destinée principalement à remplacer le caoutchouc et son procédé de préparation.

28 octobre 1908. — 395 733, Wedemeyer. Procédé pour la fabrication d'un corps gommeux avec l'huile de sterculier.

16 octobre 1909. — 404 337, Turcat et Nuth. Procédé général de préparation de produits élastiques.

22 juillet 1909. — 405 711, Puntschart et Alscheck. Procédé de fabrication d'une matière élastique.

2 mars 1910. — **415 542**, Zu Aichlburg. Procédé de fabrication d'une composition analogue au caoutchouc.

22 octobre 1910. — **416 644**, Société dite « Gaamlooze Vennootschap Allgemene Uitvinding Exploitatie Maatschappy ». Procédé pour fabriquer, au moyen de matières animales, un produit élastique analogue au caoutchouc.

15 juin 1910. — **417 170**, Société Badische Anilin et Soda-Fabrik. Production de substances ayant les propriétés du caoutchouc.

27 août 1910. — **419 786**, Van der Burg. Substance remplaçant le caoutchouc et son procédé de fabrication.

20 octobre 1910. — **422 955**, Société Farbenfabriken vorm. Friedr. Bayer et C°. Procédé de fabrication de substances ressemblant au caoutchouc et les produits qui en résultent.

13 avril 1911. — **428 433**, Société dite « Rubber Substitute (1910) Ltd ». Procédé pour la fabrication du caoutchouc artificiel.

8 mai 1911. — **429 507**, Tolkien. Composition pouvant remplacer le caoutchouc et son procédé de fabrication.

11 avril 1911. — **430 183**, Gossel et Sauer. Caoutchouc artificiel extrait de l'huile concentrée de soya et procédé pour sa fabrication.

7 juin 1911. — **430 581**, Chandeysson. Nouveaux produits élastiques.

28 novembre 1910. — **434 523**, Desouches, Riasse et Duron. Procédé et dispositifs pour la fabrication de caoutchouc artificiel ou autres matières élastiques analogues.

30 décembre 1910. — **435 650**, Turcat et Nuth. Procédé général de préparation des produits élastiques.

28 septembre 1911. — **438 061**, Von Vargyas. Succédané du caoutchouc.

18 janvier 1912. — **441 477**, Société Farbenfabriken vorm. Friedr. Bayer et C°. Procédé pour empêcher la glutination et la résinification des substances ressemblant au caoutchouc.

10 avril 1912. — **444 963**, Kelly. Composition flexible destinée à être employée en remplacement du caoutchouc.

FIN

www.ingramcontent.com/pod-product-compliance
Ingram Content Group UK Ltd.
Pitfield, Milton Keynes, MK11 3LW, UK
UKHW021110220726
13924UKWH00004B/1620